JN073108

早わかり

一般社団法人 日本経済団体連合会
経済基盤本部長　小畑良晴
経済基盤本部主幹　幕内 浩　［著］

グループ通算制度

のポイント

連結納税制度はこう変わる

清文社

はじめに

　平成14（2002）年からスタートした連結納税制度は、創設から20年目の節目の年である令和4（2022）年にグループ通算制度に生まれ変わります。

　連結納税制度は、単体納税制度とは別個の制度として構想され、それゆえに、単体納税制度から連結納税制度への移行にあたっては、単体納税制度の下での課税関係を清算すること（資産の時価評価や欠損金の切捨て）が求められました。また、連結グループからの離脱等により連結納税制度から単体納税制度に戻る可能性が常にあることから、連結納税制度の下でも、各連結法人において、その株主から受けた事業の元手（連結個別資本金等の額）とその事業で得た利益の内の課税済み留保金額（連結個別利益積立金額）とを常に把握し続けなければならないという複雑な仕組みを採用する必要がありました。

　一方、グループ通算制度は、あくまでも単体納税制度の枠内の仕組みであり、それゆえに、課税関係の清算の観点は一歩後退し、単体納税制度であるにもかかわらず法人格を超えて損益通算を行うことに起因する租税回避行為への対処や他の通算法人の修更正の影響の遮断といった技術的な側面が特徴となっています。

　連結納税制度とグループ通算制度とは損益通算という機能は同じですが、このようにその成り立ちは異なるものであり、生物における収斂進化（複数の異なるグループの生物が、同様の生態的地位についたときに、系統にかかわらず類似した形質を独立に獲得する現象）のような関係にあるといってよいのかもしれません。

　こうしたことから、本書では、これまで連結納税制度を適用している法人の理解を助ける観点から、連結納税制度を紹介しつつそれとの対比でグループ通算制度を説明していますが、連結納税制度を経ずにグループ通算

制度を適用する法人においては、連結納税制度の説明部分は読み飛ばしていただいても構いません。

　本書は、グループ通算制度が令和4（2022）年4月1日以後開始する事業年度から適用されることから、第201回国会で成立した「所得税法等の一部を改正する法律」（令和2年法律第8号）、本年6月26日に公布された「法人税法施行令等の一部を改正する政令」（令和2年政令第207号）、及び本年6月30日に公布された「法人税法施行規則等の一部を改正する省令」（令和2年財務省令第56号）をもとに、その基本的考え方と具体的な制度の概要を紹介し、広く企業や実務家の皆様の参考に供するものです。

　今後、さらに通達の整備が進められていくことになりますが、本書では、現時点において方向性の明らかになっている部分については、極力盛り込むように努めたつもりです。しかし、なお不明な点が多く残されていることは言うまでもありません。その点は、読者の皆様の批判を受けることとし、本書が読者の皆様の日々の実務に少しでもお役に立つようであれば幸甚に存じます。

　最後に本書の刊行にあたり、多大なご助力、ご支援を賜りました清文社の東海林良氏、坂田啓氏、矢島祐治氏に厚く御礼申し上げます。

　令和2年7月

著　者

CONTENTS

第 **2** 章

各個別制度の取扱い

第 **3** 章

租税回避の防止

第 **4** 章

その他の整備

1 質問検査権、罰則、徴収の所轄庁等   203

2 青色申告制度との関係   205

第 5 章

適用関係

［凡例］

法法	法人税法
法令	法人税法施行令
法規	法人税法施行規則
措法	租税特別措置法
措令	租税特別措置法施行令
改正法附則	令和2年度所得税法等の一部を改正する法律附則
連基通	連結納税基本通達
通則法	国税通則法

※ 本書の内容は、令和2（2020）年6月30日現在の法令等によっています。

序　章

グループ通算制度
創設の背景と概要

1 創設の経緯

グループ通算制度の創設に際しては、平成30（2018）年11月に、政府税制調査会の下に「連結納税制度に関する専門家会合」が設置され、令和元（2019）年8月までに5回議論を重ね、同年8月27日の第24回政府税制調査会総会において、その検討結果「連結納税制度の見直しについて」が報告されました。この報告書を踏まえて、与党の令和2年度税制改正大綱で、具体的な制度設計が示され、令和2（2020）年の通常国会において、所得税法等の一部を改正する法律案が可決成立し、3月に公布されました。

与党の大綱では、連結納税制度は、「税額計算が煩雑である、税務調査後の修正・更正等に時間がかかり過ぎるといった指摘があり、損益通算のメリットがあるにもかかわらず、本制度を選択していない企業グループも多く存在する」と指摘され、損益通算の仕組み等は維持しつつ制度の簡素化を図り、グループ通算制度に衣替えすることとなりました。

連結納税制度では、連結納税グループをあたかも1つの法人であるかのごとく扱い、連結親法人がグループを代表して申告・納税義務を負うこととされていますが、グループ通算制度では、グループ全体での損益通算については維持する一方、グループに属する各法人が個別にそれぞれ法人税額の計算及び申告を行うこととなります。したがって、単体納税制度に戻るわけであり、「連結納税」制度という名称もなくなり、損益通算に着目した「グループ通算」制度という名称になります。

新たな制度の下での損益通算の方法は、各法人で計算した所得をベースに、赤字法人の欠損の合計額を、黒字法人の所得の合計額を限度に、黒字法人の（所得の金額で按分の上）損金として算入します（損金算入された欠損は赤字法人の欠損の金額で按分し赤字法人側で益金算入します）。いったん損益通算が行われた後は、個別の法人において修更正が行われても、原則として他の法人の税額計算に反映させず、当該法人において処理されるこ

ととなります。また、繰越欠損金については、グループ全体で損金算入限度額が計算されますが、繰越控除により損金算入する法人は損益通算後の黒字法人に限られることから、グループ内の繰越欠損金を有する法人とそれを控除する法人とが別々になる（繰越欠損金の授受が生じる）場合があります。

　もっとも、単体納税制度に戻るとはいうものの、税額控除の額等をグループ全体で計算するグループ調整計算については、個々の制度趣旨や企業の税負担を踏まえ、例えば研究開発税制についてはグループ全体での計算が維持され（グループに属する個別の法人への控除額の配分は個別税額控除相当額（各連結法人の試験研究費×個別増減試験研究費割合）の比ではなく、損益通算後の所得に対する法人税額の比によることとなります（つまり黒字法人にのみ配分））、外国税額控除についても、グループ調整計算を行うことにより結果としてはグループ全体の控除限度額を個別法人に配分する現行制度と基本的には同額となります。

　また、受取配当益金不算入制度については、関連法人株式等に係る負債利子控除額は、関連法人株式等に係る配当等の額の４％相当額（その事業年度において支払う負債利子の額の10分の１相当額を上限とします）となります。

　グループ通算制度の適用開始やグループへの加入の際の時価評価課税や欠損金の持ち込み制限・含み損の制限については、組織再編税制との整合性のとれた制度とすることで、現行の連結納税制度の適用開始や連結納税グループへの加入の際の時価評価課税や欠損金の切捨ての対象を縮小し、組織再編への柔軟な対応が可能となります。

　なお、個別申告方式に移行することを踏まえ、親法人と子法人の制度適用前の欠損金の取扱いを統一し、自己の所得の範囲内で控除することとなります。また、グループからの離脱に際しては、現行の複雑な投資簿価修正の仕組みが簡素化されるとともに、一定の場合には離脱法人に対して時

価評価課税が行われることとなります。

　グループ通算制度は、企業における準備等を考慮し、令和4（2022）年4月1日以後に開始する事業年度から適用することとされました。現在連結納税制度を適用しているグループにおいては自動的にグループ通算制度へ移行することができますが、届出によりグループ通算制度の適用を回避することも可能です。

2 連結納税制度とグループ通算制度の違い

　連結納税制度では、連結親法人がグループを代表して申告・納税義務を負いますが、グループ通算制度では、グループに属する各法人が個別にそれぞれ法人税額の計算及び申告を行います（法法74）。

　また、後発的に修更正事由が生じた場合、連結納税制度では、グループ全体で再計算しなければなりませんが、グループ通算制度では、損益通算や欠損金の通算、研究開発税制等について、原則として他の法人への影響は遮断されます（法法64の5⑤、64の7④、措法42の4⑧五～七等）。

　所得計算や税額計算におけるグループ調整は、個々の制度の趣旨や企業への影響を踏まえて、グループ調整が維持されるものと単体ベースになるものとがあります。

　連結納税制度と取扱いが異なることになる主要な項目は、次ページの通りです。

	連結納税制度	グループ通算制度
受取配当益金不算入（※）	連結グループ全体計算（持株割合判定） 負債利子控除（連結グループ全体の負債利子×各連結法人の関連法人株式等の合計額／各連結法人の総資産の合計額）	100％グループ全体計算（持株割合判定）（法法23④⑥） 負債利子控除（関連法人株式等に係る配当等×4％）（法法23①）
寄附金（※）	グループ全体計算（損金算入限度額） 資本金等（損金算入限度額の算定基礎）	個別計算（損金算入限度額） 資本金＋資本準備金（損金算入限度額の算定基礎）（法法37①）
貸倒引当金（※）	連結グループ内債権除外	100％グループ内債権除外（法法52⑨二）
中小判定	連結親法人で判定	グループ内法人の全てが中小かどうかで判定（法法52①一イ、57⑪一イ、66⑥、67①）
所得税額控除	グループ全体計算（銘柄別簡便法）	個別計算
特定同族会社の特別税率	グループ全体計算	個別計算（なお、留保金額の基礎となる所得の金額は損益通算後の額）（法法67）
研究開発税制	グループ全体計算（税額控除額） 控除額の個別帰属額は各連結法人の個別税額控除相当額の比で按分	グループ全体計算（税額控除額） 控除額は各グループ法人の調整前法人税額の比で按分（措法42の4①④⑦⑧三⑱）
過大支払利子税制	グループ全体計算（対象純支払利子等、連結調整所得、適用免除基準）	損金不算入額は個別計算（対象純支払利子、調整所得）（措法66の5の2①） 適用免除基準はグループ全体計算（措法66の5の2③一）

（※）グループ通算制度への移行に伴う単体納税制度の見直し

グループ通算制度の適用開始やグループへの加入の際の時価評価課税や欠損金の持ち込み制限・含み損の制限については、組織再編税制との整合性のとれた制度とすることで、現行の連結納税制度の適用開始や連結納税グループへの加入の際の時価評価課税や欠損金の切り捨て（法法57⑥）の対象を縮小し、組織再編への柔軟な対応が可能となります（法法64の11①、64の12①）。ただし、時価評価の対象とならない場合であっても一定の場合には、含み損等に係る制限が設けられました（法法57⑧、64の6①・③、64の7②三、64の14①）。

　なお、個別申告方式に移行することを踏まえ、親法人と子法人の制度適用前の欠損金の取扱いを統一し、自己の所得の範囲内で控除することとなります。また、グループからの離脱に際しては、現行の複雑な投資簿価修正の仕組みが簡素化されるとともに、一定の場合には離脱法人に対して、離脱直前の事業年度において、時価評価課税が行われることとなります（法法64の13①）。

第 1 章

グループ通算制度の仕組み

1 ▶ 適用法人

連結納税制度

　連結納税の適用法人は、親法人である内国法人及びその内国法人による完全支配関係がある子法人である他の内国法人の全てとされています（現行（※）法法4の2）。

（※）以下、本章「連結納税制度」の項において同じ。

■1 連結親法人となることができる内国法人

　連結親法人となることができる内国法人は、普通法人又は協同組合等に限られ、次に掲げる法人を除くこととされています（法法4の2、法令14の6③）。

① 普通法人（外国法人を除く）又は協同組合等との間にその普通法人又は協同組合等による完全支配関係がある法人

② 清算中の法人

③ 資産流動化法に規定する特定目的会社

④ 投資法人法に規定する投資法人

⑤ 法人課税信託に係る受託法人

⑥ 連結納税の承認の取消し（法法4の5①）を受けた法人で、その取消しの日から同日以後5年を経過する日の属する事業年度終了の日までの期間を経過していないもの

⑦ 連結納税の取りやめの承認（法法4の5③）を受けた法人で、その

承認を受けた日の属する連結親法人事業年度終了の日の翌日から同日
以後5年を経過する日の属する事業年度終了の日までの期間を経過し
ていないもの

２ 連結子法人となることができる内国法人

連結子法人となることができる内国法人は、次に掲げる連結除外法人以
外の内国法人とされています（法法4の2、法令14の6①）。

① 普通法人以外の法人

② 破産手続開始の決定を受けた法人

③ 上記 **１** ③から⑦までに掲げる法人

④ 連結親法人との間に完全支配関係を有しなくなったことにより連結
納税の承認を取り消された法人（その発行済株式又は出資を直接又は間
接に保有する連結子法人の破産手続開始の決定による解散に基因してその
承認を取り消されたものを除く）が、その取消しの直前においてその法
人の連結親法人であった法人による完全支配関係を有している場合
で、その取消しの日から同日以後5年を経過する日の属する事業年度
終了の日までの期間を経過していないもの

グループ通算制度

グループ通算制度を適用する法人は、連結納税制度と基本的には同様で
すが、個別申告方式となることから、青色申告との整合性を考慮し、次の
法人を除外することとします。なお、青色申告の承認を取り消された場合
には、グループ通算制度の承認の効力を失うこととされ、グループ通算制
度固有の取消事由はないので、上記 **１** ⑥は下記①に吸収されます。

① 青色申告の承認の取消しの通知を受けた日から同日以後5年を経過
する日の属する事業年度終了の日までの期間を経過していなもの

②　青色申告の取りやめの届出書の提出をした日から同日以後１年を経過する日の属する事業年度終了の日までの期間を経過していないもの

■1 通算完全支配関係

　内国法人及びその内国法人との間にその内国法人による完全支配関係（通算子法人になれない法人及び外国法人が介在しない一定の関係に限ります（「通算完全支配関係」といいます（法法２十二の七の七）））がある他の内国法人の全てが国税庁長官の承認を得た場合に、グループ通算制度の適用を受けることになります（法法64の９①）。

　「その内国法人による完全支配関係」とは、一の者（内国法人）が他の内国法人の発行済株式等の全部を保有する場合における当該一の者と当該他の内国法人との関係（直接完全支配関係）をいいます。なお、この場合において、当該一の者及びこれとの間に直接完全支配関係がある一もしくは二以上の内国法人が他の内国法人の発行済株式等の全部を保有するときは、当該一の者は当該他の内国法人の発行済株式等の全部を保有するものとみなすことになっています（法法２十二の七の六、法令４の２②）。

　発行済株式等からは、自己株式を除くほか、発行済株式の総数のうちに、従業員持株会の所有株式及びストックオプションの行使により取得された株式の数を合計した数の占める割合が100分の５に満たない場合のその株式は除くこととされています（法令４の２②）。

　ただし、グループ通算制度の適用対象となるのは、完全支配関係のうち、通算子法人になれない法人（**3**①〜⑤）及び外国法人が介在しない一定の関係（「通算完全支配関係」といいます）に限られることに注意が必要です。

　したがって、例えば次ページの図において、ＰとＳ９の関係及びＰとＳ10の関係は、それぞれ完全支配関係となりますが、通算子法人になれない法人（Ｓ４）又は外国法人（Ｓ５）が介在していることから、通算完全支

通算完全支配関係となる場合とならない場合の例

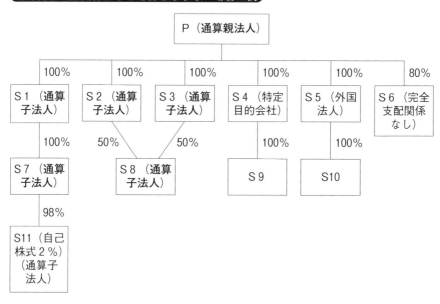

配関係とはなりません。

② 通算親法人

　グループ通算制度における親法人（「通算親法人」といいます（法法2二十六の六の七））となることができる内国法人は、普通法人又は協同組合等に限られ、次に掲げる法人を除くこととされています（法法64の9①）。

① 　清算中の法人

② 　普通法人（外国法人を除きます）又は協同組合等との間にその普通法人又は協同組合等による完全支配関係がある法人

③ 　通算承認の取りやめの承認（法法64の10①）を受けた法人で、その承認を受けた日の属する事業年度終了の日の翌日から同日以後5年を経過する日の属する事業年度終了の日までの期間を経過していないもの

④　青色申告の承認の取消し（法法127②）の通知を受けた法人で、その通知を受けた日から同日以後5年を経過する日の属する事業年度終了の日までの期間を経過していなもの

⑤　青色申告の取りやめ（法法128）の届出書の提出をした日から同日以後1年を経過する日の属する事業年度終了の日までの期間を経過していないもの

⑥　投資法人法に規定する投資法人、資産流動化法に規定する特定目的会社

⑦　その他一定の法人（普通法人以外の法人、破産手続開始の決定を受けた法人等）

3 通算子法人

　グループ通算制度における子法人（「通算子法人」といいます（法法2十二の七））となることができる内国法人は、次に掲げる法人以外の内国法人とされています（法法64の9①）。

①　通算承認の取りやめの承認（法法64の10①）を受けた法人で、その承認を受けた日の属する事業年度終了の日の翌日から同日以後5年を経過する日の属する事業年度終了の日までの期間を経過していないもの

②　青色申告の承認の取消し（法法127②）の通知を受けた法人で、その通知を受けた日から同日以後5年を経過する日の属する事業年度終了の日までの期間を経過していなもの

③　青色申告の取りやめ（法法128）の届出書の提出をした日から同日以後1年を経過する日の属する事業年度終了の日までの期間を経過していないもの

④　投資法人法に規定する投資法人、資産流動化法に規定する特定目的会社

⑤ その他一定の法人（普通法人以外の法人、破産手続開始の決定を受けた法人等）

通算親法人と通算子法人を合わせて「通算法人」といいます（法法2十二の七の二）。

2 ▶ 適用方法

[1]　承認申請の提出時期

連結納税制度

　内国法人及びその内国法人との間にその内国法人による完全支配関係が
ある他の内国法人が連結納税の承認を受けようとする場合には、最初の連
結事業年度としようとする期間の開始の日の３月前までに、これらの全て
の連名で、承認申請書をその内国法人の納税地の所轄税務署長を経由し
て、国税庁長官に提出する必要があります（法法４の３①、法令14の７①）。

　ただし、連結納税に係る承認を受けて最初に連結納税を適用しようとす
る事業年度が次に掲げる事業年度に該当する場合には、それぞれ次に掲げ
る日が提出期限となります（法法４の３⑥・⑦）。

①　親法人の設立事業年度

　設立事業年度開始の日から１月を経過する日と設立事業年度終了の日
から２月前の日とのいずれか早い日

②　親法人の設立事業年度の翌事業年度

　設立事業年度終了の日と翌事業年度終了の日から２月前の日とのいず
れか早い日

グループ通算制度

1 基本的な取扱い

　内国法人及びその内国法人との間にその内国法人による完全支配関係がある他の内国法人がグループ通算制度の適用に係る承認（「通算承認」といいます）を受けようとする場合には、適用を受けようとする最初の事業年度の開始の日の3月前までに、これらの全ての（適用を受けようとする最初の事業年度の開始の日の前日までに完全支配関係を有しなくなる見込みの法人も含みます）連名で、承認申請書をその内国法人の納税地の所轄税務署長を経由して、国税庁長官に提出する必要があります（法法64の9②、法規27の16の8①）。

申請期限の原則

　その申請につき承認又は却下の処分をする場合は、申請をした親法人に対し書面により通知されることとされていますが（法令131の12①）、グループ通算制度の適用を受けようとする最初の事業年度開始の日の前日までにその申請についての通算承認又は却下の処分がなかったときは、その親法人及び子法人の全てについて、その開始の日においてその通算承認があったものとみなされ、同日からその効力が生じます（法法64の9⑤・⑥）。

2 設立事業年度等の承認申請特例

　グループ通算制度の適用を受けるには、原則として、適用を受けようと

する事業年度開始の日の3月前の日までに、承認申請書をその内国法人の納税地の所轄税務署長を経由して、国税庁長官に提出する必要があります（法法64の9②）。

　ただし、グループ通算制度の適用に係る承認（「通算承認」といいます（法法64の9②））を受けて最初にグループ通算制度を適用しようとする事業年度が次に掲げる事業年度に該当する場合には、それぞれ次に掲げる日が提出期限となります（法法64の9⑦、法規27の16の8②）。

(1) 親法人の設立事業年度

　設立事業年度開始の日から1月を経過する日と設立事業年度終了の日から2月前の日とのいずれか早い日（「設立年度申請期限」といいます）

設立事業年度から適用

・設立事業年度が3か月以上（特例）

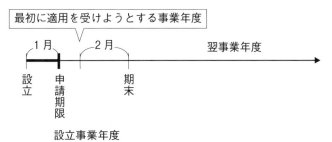

・設立事業年度が3か月未満（特例）

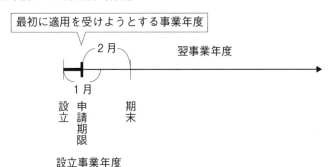

(2) 親法人の設立事業年度の翌事業年度

設立事業年度終了の日と翌事業年度終了の日から2月前の日とのいずれか早い日（「設立翌年度申請期限」といいます）

こちらについては、原則的な申請期限がすでに渡過してしまったものに限定すべく、設立事業年度が3月以上の場合には適用できないこととされています。

設立事業年度の翌事業年度から適用

・設立事業年度が3か月以上（原則）

・設立事業年度が3か月未満（特例）

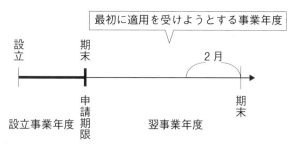

また、親法人が設立事業年度終了時にその資産の時価評価による評価損益を計上する必要がある場合（法法64の11①）も上記(2)の特例の適用はできないこととされます。

上記の申請期限の特例に基づいて承認申請書を提出した場合、その申請書を提出した日から2月を経過する日までに、その申請についての通算承

認又は却下の処分がなかったときは、その親法人及び子法人（グループ通算制度の適用を受けようとする最初の事業年度（「申請特例年度」といいます）開始の時に親法人との間に完全支配関係があるものに限ります）の全てについて、その2月を経過する日においてその通算承認があったものとみなされます（法法64の9⑨）。

　ただし、親法人の設立事業年度の翌事業年度が申請特例年度であり、かつ、当該翌事業年度開始の日が申請書を提出した日から2月を経過する日より後である場合は、当該翌事業年度開始の日において通算承認があったものとみなされます。

　こうして通算承認を受けた場合、その通算承認の効力は、原則として、申請特例年度開始の日に効力を生じます（法法64の9⑩二）。ただし、グループ通算制度の適用開始にあたり時価評価等を行う必要がある通算子法人となる内国法人は、申請特例年度終了の日の翌日において申請特例年度開始の日に効力を生じます（法法64の9⑩一）。その判定は、申請特例年度開始の日の前日の属する事業年度終了の時に行います。

　つまり、時価評価等を行う必要のある通算子法人となる内国法人は、グループ通算の適用を受けようとする最初の事業年度の翌事業年度からグループ通算を適用することとされています。

[2]　承認申請の却下

連結納税制度

　国税庁長官は、次のような場合には、連結納税の承認の申請を却下することができることとされています（法法4の3②）

　①　連結予定法人のいずれかがその申請を行っていないこと（法法4の

3②一)。

②　申請を行っている法人に連結予定法人以外の法人が含まれていること（法法4の3②二)。

③　申請を行っている連結予定法人について次のいずれかに該当する事実があること。

（ⅰ）連結所得の金額又は連結欠損金額及び法人税の額の計算が適正に行われ難いと認められること（法法4の3②三イ)。

（ⅱ）連結事業年度において、帳簿書類の備付け、記録又は保存が財務省令で定めるところに従って行われることが見込まれないこと（法法4の3②三ロ、法規8の3の4〜8の3の10)。

（ⅲ）連結納税の承認の取消し又は取りやめの承認を受けた日以後5年以内に連結納税の承認の申請書を提出したこと（法法4の3②三ハ)。

（ⅳ）法人税の負担を不当に減少させる結果となると認められること（法法4の3②三ニ)。

　なお、国税庁長官は連結納税の承認の申請を承認又は却下する場合には、書面によりその旨を通知することとされています（法令14の7①）が、連結納税の適用を受ける期間の開始の日の前日までに、その承認又は却下の処分がなかったときは、連結親法人となる法人及び連結子法人となる法人の全てについて、その開始の日にその承認があったものとみなされます（法法4の3④)。

グループ通算制度

　グループ通算制度における承認の却下事由は、連結納税制度と基本的に同様ですが、青色申告との平仄を合わせる観点から、以下③(ⅲ)の事由が

追加されます。

　具体的には、国税庁長官は、次のような場合には、グループ通算制度に係る承認の申請を却下することができることとされています（法法64の9③）。

① 　グループ通算制度の適用を受けようとする親法人及び子法人（「通算予定法人」といいます）のいずれかがその申請を行っていないこと（法法64の9③一）。

② 　申請を行っている法人に通算予定法人以外の法人が含まれていること（法法64の9③二）。

③ 　申請を行っている通算予定法人について次のいずれかに該当する事実があること。

　（ⅰ）所得の金額又は欠損金額及び法人税の額の計算が適正に行われ難いと認められること（法法64の9③三イ）。

　（ⅱ）グループ通算制度の規定の適用を受けようとする事業年度において、帳簿書類の備付け、記録又は保存が財務省令で定めるところに従って行われることが見込まれないこと（法法64の9③三ロ）。

　（ⅲ）備え付ける帳簿書類に取引の全部又は一部を隠蔽し、又は仮装して記載し、又は記録していることその他不実の記載又は記録があると認められる相当の理由があること（法法64の9③三ハ）。

　（ⅳ）法人税の負担を不当に減少させる結果となると認められること（法法64の9③三ニ）。

　なお、国税庁長官はグループ通算の承認の申請につき承認又は却下の処分をする場合は、申請をした親法人に対し、書面により通知することとされていますが（法令131の12①）、グループ通算制度の適用を受けようとする最初の事業年度開始の日の前日までにその申請についての通算承認又は却下の処分がなかったときは、その親法人及び子法人の全てについて、そ

の開始の日においてその通算承認があったものとみなされ、同日からその効力が生じます（法法64の9⑤・⑥）。

[3]　承認の取消し

連結納税制度

■1 連結親法人の解散等

　次の表の左欄の事実が生じた場合には、中欄の連結法人は、それぞれ右欄の日から、連結納税の承認の効力を失うものとされています（法法4の5②各号）。

失効の対象となる事実	対象となる連結法人	失効の日
①　連結親法人と内国法人（普通法人又は協同組合等に限ります）との間にその内国法人による完全支配関係が生じたこと	連結親法人及び連結子法人の全て	その生じた日
②　連結子法人がなくなったことにより、連結法人が連結親法人のみとなったこと	連結親法人	そのなった日
③　連結親法人の解散	連結親法人及び連結法人の全て	その解散の日の翌日（合併による解散の場合はその合併の日）
④　連結子法人の解散（合併又は破産手続開始の決定による解散に限ります）又は残余財産の確定	連結子法人	その解散の日の翌日（合併による解散の場合はその合併の日）又はその残余財産の確定の日の翌日

⑤ 連結子法人が連結親法人との間にその連結親法人による連結完全支配関係を有しなくなったこと（①③④⑥⑦の事実に基因するものは除きます）	連結子法人	その有しなくなった日
⑥ 連結親法人が公益法人等に該当することとなったこと	連結親法人及び連結子法人の全て	その該当することとなった日
⑦ 連結親法人と内国法人（公益法人等に限ります）との間にその内国法人による完全支配関係がある場合において、その内国法人が普通法人又は協同組合等に該当することとなったこと	連結親法人及び連結子法人の全て	その該当することとなった日

2 帳簿書類の不備等

　連結法人に次のいずれかに該当する事実がある場合には、国税庁長官は、その連結法人に係る連結納税の承認を取り消すことができることとされ、その承認が取り消されたときは、その承認はその取り消された日以後の期間について、その効力を失うものとされています（法法4の5①）。

① 連結事業年度に係る帳簿書類の備付け、記録又は保存が財務省令で定めるところに従って行われていないこと（法規8の3の4～8の3の10）。

② 連結事業年度に係る帳簿書類について国税庁長官、国税局長又は税務署長の指示に従わなかったこと。

③ 連結事業年度に係る帳簿書類に取引の全部又は一部を隠蔽し又は仮装して記載し又は記録し、その他その記載又は記録をした事項の全体についてその真実性を疑うに足りる相当の理由があること。

④ 連結確定申告書をその提出期限までに提出しなかったこと。

グループ通算制度

■1 通算親法人の解散等

次の表の左欄の事実が生じた場合には、中欄の通算法人は、それぞれ右欄の日から、通算承認の効力を失うものとされています（法法64の10⑥各号）。

失効の対象となる事実	対象となる通算法人	失効の日
① 通算親法人の解散	通算親法人及び他の通算法人の全て	その解散の日の翌日（合併による解散の場合には、その合併の日）
② 通算親法人が公益法人等に該当することとなったこと	通算親法人及び他の通算法人の全て	その該当することとなった日
③ 通算親法人と内国法人（普通法人又は協同組合等に限ります）との間にその内国法人による完全支配関係が生じたこと	通算親法人及び他の通算法人の全て	その生じた日
④ 通算親法人と内国法人（公益法人等に限ります）との間にその内国法人による完全支配関係がある場合において、その内国法人が普通法人又は協同組合等に該当することとなったこと	通算親法人及び他の通算法人の全て	その該当することとなった日
⑤ 通算子法人の解散（合併又は破産手続開始の決定による解散に限ります）又は残余財産の確定	通算子法人	その解散の日の翌日（合併による解散の場合には、その合併の日）又はその残余財産の確定の日の翌日

⑥　通算子法人が通算親法人との間にその通算親法人による通算完全支配関係を有しなくなったこと（①～⑤の事実に基因するものは除きます）	通算子法人	その有しなくなった日
通算子法人がなくなったことにより、通算法人が通算親法人のみとなったこと	通算親法人	そのなった日

2 青色申告の承認の取消し

　グループ通算法人が青色申告の承認を取消しの通知を受けた場合（法法127②）には、当該通算法人について、その通知を受けた日から、通算承認の効力を失うこととなります（法法64の10⑤）。

　青色申告の承認の取消し事由は次の通りです。グループ通算制度固有の取消事由を設けないこととなります。

①　その事業年度に係る帳簿書類の備付け、記録又は保存が財務省令で定めるところに従って行われていないこと（法法127①一）。

②　その事業年度に係る帳簿書類について国税庁長官、国税局長又は税務署長の必要な指示（法法126②・③）に従わなかったこと（法法127①二）。

③　その事業年度に係る帳簿書類に取引の全部又は一部を隠蔽し又は仮装して記載し又は記録し、その他その記載又は記録をした事項の全体についてその真実性を疑うに足りる相当の理由があること（法法127①三）。

④　確定申告の規定（法法74①）による申告書をその提出期限までに提出しなかったこと（法法127①四）。

　なお、上記の事由に該当する事実があるときは、税務署長は、その該当する事実がある事業年度まで遡って青色申告の承認を取り消すことができ

（法法127①）、取消しがあると、その取り消された事業年度開始の日以後に提出された青色申告書は、青色申告書でなかったものとみなされ、各種の特典は適用されないこととされていますが、通算承認に関しては、取消しの通知を受けた日から、その効力が失われるのみで、遡及して取り消されることはありません（法法127③）。

[4] 適用の取りやめ

連結納税制度

　連結納税の適用の取りやめは、連結法人が連結納税の適用を継続することにより事務負担が著しく過重になると認められる場合などのやむを得ない事情があるとき（連基通 1 - 3 - 6 ）に、国税庁長官の承認を受けてできることとされています（法法 4 の 5 ③）。

　この連結納税の適用の取りやめの申請は、全ての連結法人の連名で行うこととされており（法法 4 の 5 ④）、この申請が承認された場合には、全ての連結法人がその取りやめの対象となります（法令14の 9 ④）。

グループ通算制度

　グループ通算の適用の取りやめは、通算法人がグループ通算の適用を継続することにより事務負担が著しく過重になると認められる場合などのやむを得ない事情があるときに、国税庁長官の承認を受けてできることとされています（法法64の10①）。

　このグループ通算の適用の取りやめの申請は、全ての通算法人の連名で行うこととされており（法法64の10②、法規27の16の 9 ）、この申請が承認

された場合には、全ての連結法人がその取りやめの対象となり、その承認を受けた日の属する事業年度終了の日の翌日から、通算承認の効力が失われます（法法64の10④）。

　なお、通算法人について、その事業年度に係る帳簿書類の備付け、記録又は保存が財務省令で定めるところに従って行われていない等の青色申告の承認の取消し事由に該当する事実がある場合には、国税庁長官は、その通算法人に係る通算承認を取り消すことができることとされています（法法127①、64の10⑤）。

　この通算承認の取消しは、取消事由に該当する通算法人がその通算子法人だけである場合には、その通算子法人のみが取消しの対象となります。なお、通算法人は自ら青色申告を取りやめることはできません（法法128）。

　このように、グループ通算の適用の取りやめと通算承認の取消しとは、その対象となる法人が異なることとなります。

3 ▶ 納税主体等

連結納税制度

　内国法人及びその内国法人との間に完全支配関係がある他の内国法人の全てがその内国法人を納税義務者として法人税を納めることにつき国税庁長官の承認を受けた場合には、これらの法人は、その内国法人を納税義務者として法人税を納めるものとされています（法法4の2）。したがって、連結親法人が納税義務者ということになります。

　ただし、連結子法人は、連結親法人の各連結事業年度の連結所得に対する法人税でその連結子法人とその連結親法人との間に連結完全支配関係がある期間内に納税義務が成立したものについて、連帯して納付する責任を負うこととされています（法法81の28①）。

グループ通算制度

1 個別申告方式

　グループ通算制度においては、その適用を受ける通算グループの各通算法人を納税単位として、その各通算法人が個別に法人税額の計算及び申告を行います（法法74）。

2 電子情報処理組織（e-Tax）による申告

　通算法人は、事業年度開始の時における資本金の額又は出資金の額が

１億円以下であるか否かを問わず、一律に、電子情報処理組織（e-Tax）を使用する方法により納税申告書を提出する必要があります（法法75の4①・②）。

　これに際し、通算親法人が、通算子法人の法人税の申告に関する事項の処理として、その通算親法人の電子署名をして e-Tax により提供した場合には、その通算子法人が e-Tax による申告の規定により提出したものとみなされます（法法150の3①・②）。したがって、通算親法人は、通算グループ内の全ての通算法人の申告書を一括して e-Tax により提出できるということになります。

　なお、通算親法人による通算グループ内の通算子法人の法人税のそれぞれの通算子法人の所轄税務署への納付が可能となるよう、e-Tax を利用した納付（ダイレクト納付）についても、所要のシステム修正等を行うことが予定されています（令和4（2022）年4月以降に対応開始予定）。

3 通算法人の連帯納付責任

　通算法人は、他の通算法人の各事業年度の法人税（その通算法人と当該他の通算法人との間に通算完全支配関係がある期間内に納税義務が成立したものに限ります）について、連帯納付の責任を負います（法法152①）。

　また、通算法人が連帯納付の責任を負うこととなるその法人税については、他の通算法人の納税地の所轄税務署長のみならず、その通算法人の納税地の所轄税務署長からも滞納に係る処分を受ける場合があります（法法152②、通則法43①）。

4 ▶ 事業年度

　連結法人の連結事業年度は、連結親法人事業年度（その連結法人に係る連結親法人の事業年度）開始の日から終了の日までの期間とされています（法法15の2①）。

グループ通算制度

　グループ通算制度では個別申告方式となりますが、損益通算をすることから、通算子法人の事業年度は、通算親法人の事業年度の期間に揃えます。

　すなわち、通算子法人でその通算子法人に係る通算親法人の事業年度開始の時にその通算親法人との間に通算完全支配関係（法法2十二の七の七）がある通算子法人の事業年度は、通算親法人の事業年度開始の日に開始し、通算子法人でその通算子法人に係る通算親法人の事業年度終了の時にその通算親法人との間に通算完全支配関係がある通算子法人の事業年度は、通算親法人の事業年度終了の日に終了することとされ（法法14③）、通算法人である期間においては、通算子法人の会計期間等による事業年度で区切られることはありません（法法14⑦）。

通算子法人の事業年度

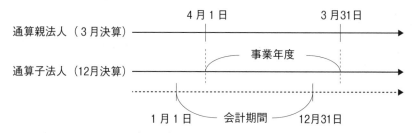

5 ▶ 所得金額及び法人税額の計算

[1] 損益通算

連結納税制度

　連結納税制度における連結所得は、連結グループ全体をあたかも単体納税制度における1つの法人であるかのごとく捉えて計算をします。

　連結所得の金額は、連結事業年度の益金の額から損金の額を控除した金額ですが（法法81の2）、この益金の額又は損金の額には、連結納税特有の調整計算を行うもの（受取配当、寄附金等）を除き、各連結法人を単体納税法人とみて所得計算をする際に益金となる額（個別益金額）または損金となる額（個別損金額）が算入されます（法法81の3）。

　連結ベースで計算された連結所得の金額は、それぞれの連結法人に配分され、各連結法人の個別帰属額が把握される仕組みとなっています。

グループ通算制度

1 概説

　新たな制度の下での損益通算の方法は、各法人で計算した所得をベースに、赤字法人の欠損の合計額を、黒字法人の所得の合計額を限度に、黒字法人の所得の金額で按分して黒字法人の損金として算入します（損金算入

された欠損は赤字法人の欠損の金額で按分し赤字法人側で益金算入します）。

　したがって、損益通算後には、全体として黒字が赤字を上回っている場合には、赤字法人の所得はゼロになり、黒字法人の所得は減少します。逆に、黒字が赤字を下回っている場合には、赤字法人の赤字が減少し、黒字法人の所得はゼロとなります。損益通算後には赤字法人と黒字法人とが混在することはありません。

　いったん損益通算が行われた後は、個別の法人において修更正が行われても、損益通算の結果には影響を及ぼさず、当該法人において処理されることとなります。

　ただし、通算グループ内の全ての法人について、期限内申告における所得の金額がゼロ又は欠損金がある等の要件に該当するときは、全体で再計算を行います。

　これは、グループ全体で赤字であるにもかかわらずグループ内の法人に修更正により当該法人に所得が生じた場合、他の法人への影響を遮断すると、当該法人に税負担が生じてしまうことから、全体での損益通算の再計算を認めるものです。

　一方、減更正により欠損金が生じる場合、欠損金の繰越期間のリセットに悪用されたり、連結グループから離脱する予定の法人にあえて誤った申告を行わせ減更正により欠損金を持たせたりするおそれがあることから、こうした悪用に対しては、法人税の負担を不当に減少させることとなると認められるときは、職権更正において、全体を再計算することができるようにすることとされています。

② 損益通算

　損益通算の対象となる通算法人の所得の金額を「通算前所得金額」（法法64の5①）といい、損益通算の対象となる通算法人の欠損金額を「通算前欠損金額」（法法64の5①）といいます。

通算前所得金額や通算前欠損金額は、欠損金の繰越し（法法57①）、会社更生等（民事再生等評価換えが行われる場合以外・解散の場合）による債務免除等があった場合の欠損金の損金算入（法法59③・④）、残余財産の確

所得計算のフローチャート

当期純利益・当期純損失

± 　(1)〜(9)以外の益金算入・損金不算入／損金算入・益金不算入

寄附金の損金算入限度額計算の基礎となる所得の金額 （法法37①、法令73②）

− 　(1)寄附金の損金算入（法法37①）
− 　(2)会社更生の場合の欠損金の損金算入（法法59①）

適用年度の所得の金額（法法59②）、 調整所得金額・調整欠損金額（法法59⑤）

− 　(3)民事再生等で評価換えがある場合の欠損金の損金算入（法法59②⑤）

通算前所得金額・通算前欠損金額（法法64の5①）

± 　(4)損益通算による損金算入・益金算入
＋ 　(5)欠損金の通算の遮断による欠損金額の調整がある場合の益金算入
　　　（法法64の7⑥）

欠損控除前所得金額（法法64の7①）

− 　(6)欠損金の通算・損金算入（法法57①、64の7）

適用年度の所得の金額（法法59③④）

− 　(7)民事再生等で評価替えがある場合以外の欠損金の損金算入（法法59③）
− 　(8)解散の場合の欠損金の損金算入（法法59④）
− 　(9)残余財産の確定の日の属する事業年度に係る事業税の損金算入（法法62の5⑤）

所得の金額（法法66①）・欠損金額（法法57①）

定の日の属する事業年度に係る事業税の損金算入（法法62の5⑤）、損益通算（法法64の5）、欠損金の通算の遮断による欠損金額の調整がある場合の益金算入（法法64の7⑥）の規定を適用しないものとして計算した所得の金額、欠損金額をいいます。

　通算法人の所得事業年度（通算前所得金額の生ずる事業年度）の終了の日（「基準日」といいます）において、その通算法人との間に通算完全支配関係がある他の通算法人の基準日に終了する事業年度において通算前欠損金額が生ずる場合には、その通算法人の所得事業年度の「通算対象欠損金額」は、その事業年度の損金の額に算入されます（法法64の5①）。

　所得法人に配分される「通算対象欠損金額」は、次のように計算します（法法64の5②）。

①他の通算法人の基準日に終了する事業年度の通算前欠損金額の合計額（③を超える場合には③の金額）	×	②通算法人の所得事業年度の通算前所得金額 / ③通算法人の所得事業年度及び他の通算法人の基準日に終了する事業年度の通算前所得金額の合計額

　一方、通算法人の欠損事業年度（通算前欠損金額の生ずる事業年度）の終了の日（「基準日」といいます）において、その通算法人との間に通算完全支配関係がある他の通算法人の基準日に終了する事業年度において通算前所得金額が生ずる場合には、その通算法人の欠損事業年度の「通算対象所得金額」は、その事業年度の益金の額に算入されます（法法64の5③）。

　欠損法人に配分される「通算対象所得金額」は、次のように計算します（法法64の5④）

①他の通算法人の基準日に終了する事業年度の通算前所得金額の合計額（③を超える場合には③の金額）	×	②通算法人の欠損事業年度の通算前欠損金額 / ③通算法人の欠損事業年度及び他の通算法人の基準日に終了する事業年度の通算前欠損金額の合計額

　つまり、通算グループ内の欠損法人の欠損金額の合計額が、所得法人の

所得の金額の比で配分され、その配分された通算対象欠損金額が所得法人の損金の額に算入される一方、所得法人において損金算入された金額の合計額と同額の所得の金額が、欠損法人の欠損金額の比で配分され、その配分された通算対象所得金額が欠損法人の益金の額に算入されるということになります。

■ Case ❶：グループ全体で黒字

	P	S 1	S 2	S 3
通算前所得金額・通算前欠損金額	500	100	▲50	▲250
通算前所得金額の合計額・通算前欠損金額の合計額	500＋100＝600		▲50＋▲250＝▲300	
通算対象欠損金額・通算対象所得金額	▲300×500／600 ＝ ▲ 250（損金算入）	▲300×100／600＝▲50（損金算入）	300 × ▲ 50／▲300＝50（益金算入）	300×▲250／▲ 300 ＝ 250（益金算入）
損益通算後の所得の金額（欠損控除前所得金額（※））・欠損金額	500＋▲250＝250	100＋▲50＝50	▲50＋50＝0	▲250＋250＝0

（※）法人税法第64条の7第1項第3号イ参照

■ Case ❷：グループ全体で赤字

	P	S 1	S 2	S 3
通算前所得金額・通算前欠損金額	▲500	▲100	50	250
通算前所得金額の合計額・通算前欠損金額の合計額	▲500＋▲100＝▲600		50＋250＝300	
通算対象欠損金額・通算対象所得金額	300×▲500／▲600＝250（益金算入）	300×▲100／▲600＝50（益金算入）	▲300×50／300＝▲50（損金算入）	▲300×250／300＝▲250（損金算入）
損益通算後の所得の金額（欠損控除前所得金額（※））・欠損金額	▲500＋250＝▲250（繰越欠損金）	▲100＋50＝▲50（繰越欠損金）	50＋▲50＝0	250＋▲250＝0

（※）法人税法第64条の7第1項第3号イ参照

3 損益通算の遮断措置

　通算事業年度の通算前所得金額又は通算前欠損金額が当初申告額と異なるときは、それぞれの当初申告額がその通算事業年度の通算前所得金額又は通算前欠損金額とみなされます（法法64の5⑤）。

　つまり、いったん損益通算が行われた後は、通算グループ内の個別の通算法人において修更正事由が生じても、原則として、損益通算に用いる通算前所得金額及び通算前欠損金額を当初申告額に固定することにより（その結果、損益通算に係る損金算入額又は益金算入額も固定され）、その修更正事由が生じた通算法人以外の他の通算法人の税額計算に反映させず（影響を遮断）、その修更正事由が生じた通算法人の申告についてのみ是正が行われることとなります。

■ Case ❶：欠損法人が増更正

	P	S 1	S 2	S 3
通算前所得金額・通算前欠損金額	500	100	▲50	▲250 →50（300増）
通算前所得金額の合計額・通算前欠損金額の合計額	500＋100＝600		▲50＋▲250＝▲300	
通算対象欠損金額・通算対象所得金額	▲300×500／600＝▲250（損金算入）	▲300×100／600＝▲50（損金算入）	300×▲50／▲300＝50（益金算入）	300×▲250／▲300＝250（益金算入）
損益通算後の所得の金額・欠損金額	500＋▲250＝250	100＋▲50＝50	▲50＋50＝0	▲250＋250＝0
修更正後	250（固定）	50（固定）	0（固定）	**50＋250＝300**

■ Case ❷：欠損法人が減更正

	P	S 1	S 2	S 3
通算前所得金額・通算前欠損金額	500	100	▲50	▲250 →▲350（100減）
通算前所得金額の合計額・通算前欠損金額の合計額	500＋100＝600		▲50＋▲250＝▲300	
通算対象欠損金額・通算対象所得金額	▲300×500／600＝▲250（損金算入）	▲300×100／600＝▲50（損金算入）	300×▲50／▲300＝50（益金算入）	300×▲250／▲300＝250（益金算入）

損益通算後の所得の金額・欠損金額	500＋▲250＝250	100＋▲50＝50	▲50＋50＝0	▲250＋250＝0
修更正後	250（固定）	50（固定）	0（固定）	▲350＋250＝▲100（繰越欠損金）

4 損益通算の遮断措置の不適用

(1) 通算法人の全てが欠損法人の場合

　期限内申告書を提出した通算事業年度のいずれかについて修更正事由が生じた場合において、通算事業年度内の全ての通算法人について、期限内申告書にその通算事業年度の所得の金額として記載された金額がゼロ又は欠損金額であること等の要件に該当するときは、遮断措置の規定（法法64の5⑤）は適用されず、通算グループ全体で再計算することになります（法法64の5⑥）。

　この措置を適用するには、次の3つの要件全てを満たす必要があります。

①　通算事業年度内の全ての通算法人について、期限内申告書にその通算事業年度の所得の金額として記載された金額（つまり損益通算後の金額）がゼロ又は欠損金額であること（つまり期限内申告書においてグループ全体の所得がゼロ又は赤字）

②　期限内申告書にその損益通算前所得金額として記載された金額が実際より過少、又は期限内申告書にその通算前欠損金額として記載された金額が実際より過大であること

③　通算前所得金額又は通算前欠損金額を当初申告における申告書に添付された書類に記載された金額に固定して計算した場合の所得金額がゼロを超えること

つまり、この措置は、通算グループ全体では所得金額がないにもかかわ

らず、遮断措置の規定を適用して当初申告額に固定することで所得金額が発生してしまう通算法人が現れないようにするための措置です。

(2) 濫用防止措置

政府税調の連結納税専門家会合報告書では、「例外的に、欠損金の繰越期間に対する制限を潜脱するため又は離脱法人に欠損金を持たせるためにあえて誤った当初申告を行うなど、法人税の負担を不当に減少させることとなると認められるときは、職権更正において、プロラタ方式で全体を再計算することができるようにする必要がある」とされ、修更正の影響を遮断する措置の濫用防止について指摘されていました。

その際、念頭に置かれた濫用例としては次ページのような事例が挙げられていました。

こうした考え方を背景に、損益通算の遮断措置の濫用を防止するため、遮断措置の規定（法法64の5⑤）を適用すると次に掲げる事実その他の事実が生じ、「法人税の負担を不当に減少させる結果となると認めるときは」、税務署長は、損益通算の規定の計算に用いる所得の金額及び欠損金額を当初申告額に固定せず、通算グループ全体で再計算をすることができます（法法64の5⑧）。

この濫用防止措置が発動されるための「事実」として次の2つが例示されています。

① 通算法人が各事業年度前10年以内に生じた欠損金額を有する場合において、当該各事業年度において欠損金額が生ずること

② 通算法人又は他の通算法人にのうちに、通算親法人による通算完全支配関係を有しなくなること等の事実（法法64の10⑥各号）が生じることにより通算承認の効力が失われることが見込まれるものがある場合に、当該通算法人又は当該他の通算法人に繰越控除（法法57①）できる欠損金額があること

①は、過大な所得の金額を計上して、繰越期限の迫った繰越欠損金額を

（全法人が欠損金の制限の対象でないと仮定。グループ内各社で税率や繰越控除の取扱いが異なるとした場合は、様々なパターンが生じ得る。）

【例1：加入前欠損金の繰越期限が到来】

A社（親法人）▲600	B社（子法人）500	C社（子法人）0（正しい所得）◀ 1,000（当初申告）繰越期限が到来する加入前欠損金▲600	期限が到来する連結欠損金▲300

○ 正しい所得金額であれば、A、B、C社の損益を通算して欠損▲100（C社の加入前欠損金及び連結欠損金は期限到来によりゼロ）、となる。

正しい損益の通算	▲600 ➡ ▲100	500 ➡ 0	0 ➡ 0	

※C社の加入前欠損金600及び連結欠損金300は期限切れにより消失。

○ 繰越期限が到来する欠損金を消化することを企図し、当初申告ではC社の所得を1,000とし、A、B、C社で損益通算を行い、それぞれ所得ゼロ（欠損金なし）で申告した。その後、C社が所得を▲1,000減額する更正の請求を行った。（以下は、たたき台としてプロラタ方式で計算したもの。）

当期損益の通算	▲600 ➡ 0	500－（600×500/1500）=300	(1,000)－（600×1000/1500）=600	
繰欠控除	－	300 ➡ 0（連結欠損金▲300を控除）	600 ➡ 0（自己の加入前欠損金▲600を控除）	連結欠損金▲300 ➡ 0
更正の請求			▲1,000	

➤ 請求どおり減額更正をすれば、上記の「1,000」をゼロとして再計算することとなるので、期限切れ欠損金が新たな欠損金に生まれ変わることとなるため、C社だけの是正ではなく、A、B社もあわせて損益通算をやりなおす必要。

（全法人が欠損金の制限の対象でないと仮定。グループ内各社で税率や繰越控除の取扱いが異なるとした場合は、様々なパターンが生じ得る。）

【例2：離脱を予定している法人】

A社（親法人）300	B社（子法人）▲1,000	C社（子法人）700（正しい所得）◀ ▲2,000（当初申告）

○ 正しい所得金額であれば、A、B、C社の損益を通算して所得ゼロ（300－1,000+700）、欠損金なし、となる。

正しい損益の通算	300 ➡ 0	▲1,000 ➡ 0	700 ➡ 0

○ 事業上の理由から、A社は、B社をグループ外のX社と共同支配することとしたい（B社の株式の20%をX社に売却予定）。B社は当期は欠損となったが、通常は利益を計上しており、翌年以降は所得が発生すると見込まれるため、その税負担を減らすために、欠損金を持ち出したい。このため、離脱を予定しているB社に多くの欠損金を持たせるために、C社が当初申告は欠損▲2,000で申告し、その後、正しい所得（700）とする修正申告（増加所得2,700）を行った。

当初申告時の通算	300 ➡ 0	▲1,000＋（300×1000/3000）=▲900	▲2,000＋（300×2000/3000）=▲1,800
修正申告	－		増加所得2,700

➤ B社の繰越欠損金は本来ゼロであるはずであるが、C社のみが自主修正したままとなれば、B社が繰越欠損金（▲900）を持ち続けることとなるため、C社だけの是正ではなく、A、B社もあわせて損益通算をやりなおす必要。

〈出所〉財務省「説明資料〔連結納税制度〕平成31年4月18日」

消化した上で、所得の金額の減額を行い遮断措置を適用して当該通算法人にあらためて欠損金額を生じさせると、繰越期限の更新が起きてしまうことに対応するものです。

②は、通算グループからの離脱を予定している通算法人に繰越欠損金額がある場合に、当該繰越欠損金額を通算グループ内で消化しないよう、当該離脱を予定している通算法人以外の他の通算法人が当初申告において、あえて通算前欠損金額があることとし、後に所得金額があるように修正しても、遮断措置を適用すると、離脱する予定の通算法人の繰越欠損金額は温存されたままになる、つまり離脱する通算法人に繰越欠損金額のお土産を持たせる結果となることに対応するものです。

[2]　繰越欠損金の通算

連結納税制度

連結親法人の各連結事業年度開始の日前10年以内に開始した連結事業年度において生じた連結欠損金額は、その各連結事業年度の連結所得の金額の計算上、損金の額に算入します（法法81の9①）。

ただし、平成30（2018）年4月1日前に終了した連結事業年度において生じた連結欠損金額については、9年間のみ繰越控除が可能です。

連結欠損金額の損金算入額の計算では、その発生年度ごとに区分し、当期の損金算入限度額に達するまで、連結欠損金額のうち最も古い連結事業年度に生じた連結欠損金額から、順次損金の額に算入することとなります（連基通11−1−1）。

連結欠損金額の損金算入額は、連結欠損金額の損金算入前の連結所得の金額として一定の金額の50％（連結親法人が中小法人や協同組合等である場

合には100％となります（法法81の9⑧））に相当する金額（以下「損金算入限度額」といいます）が限度となります（法法81の9①）。

　また、同一の連結事業年度において生じた連結欠損金額（連結欠損金額とみなされたものを含みます）のうちに特定連結欠損金額（連結子法人の開始・加入前の欠損金で、当該子法人の所得を限度として繰越控除可能とされるもの）と非特定連結欠損金額（連結納税制度適用後の欠損金及び連結親法人の開始前の欠損金等で、連結全体で繰越控除可能とされるもの）があるときは、まず特定連結欠損金額について、損金算入限度額の範囲内で、特定連結欠損金額を有する連結法人の連結欠損金額の損金算入前の個別所得金額として一定の金額（以下「控除対象個別所得金額」といいます）を限度に損金の額に算入し、次に損金算入限度額から損金の額に算入された特定連結欠損金額を控除した金額を限度に非特定連結欠損金額を損金の額に算入することとなります（法法81の9①一、連基通11－1－1）。

　連結欠損金額が損金の額に算入された場合には、連結欠損金個別帰属額から次の金額（連結欠損金をその発生連結事業年度ごとに区分して計算した金額の合計額）を控除します（法令155の21②三・③）。

①　その欠損連結事業年度に特定連結欠損金額がある場合

（ⅰ）特定連結欠損金個別帰属額

　　その連結法人の特定連結欠損金個別帰属額と控除対象個別所得金額とのうちいずれか少ない金額（a）

　　ただし、各連結法人の（a）の金額の合計額が、損金算入限度額を上回っている場合には、次の算式により計算した金額

$$連結欠損金繰越控除額 \times \frac{その連結法人の（a）の金額}{各連結法人の（a）の金額の合計額}$$

（ⅱ）非特定連結欠損金個別帰属額

（連結欠損金繰越控除額　－　（ⅰ）の金額の合計額）

$$\times \frac{\text{その連結法人の非特定連結欠損金個別帰属額}}{\text{各連結法人の非特定連結欠損金個別帰属額の合計額}}$$

② その欠損連結事業年度に特定連結欠損金額がない場合

連結欠損金繰越控除額

$$\times \frac{\text{その連結法人の非特定連結欠損金個別帰属額}}{\text{各連結法人の非特定連結欠損金個別帰属額の合計額}}$$

グループ通算制度

1 概説

　グループ通算制度においては、グループ全体の繰越欠損金という概念はなく、あくまでもグループ内の個々の法人の繰越欠損金ですが、連結納税制度と同様に、グループ全体で損金算入限度額が計算されます（法法64の7①三）。

　具体的には、グループ内の各法人の欠損金の繰越控除前の所得の金額（つまり損益通算後の所得の金額）の50％に相当する金額（中小法人等（なお、中小法人の判定については、通算グループ内のいずれかの法人が中小法人に該当しない場合には、通算グループ内の全ての法人が中小法人に該当しないこととなります（法法57⑪一））、更生法人等及び新設法人については（法法57⑪二・三）、所得の金額）の合計額が、損金算入限度額となります。

　繰越欠損金の損金算入額の計算では、連結納税制度と同様に、その発生年度ごとに区分し、当期の損金算入限度額に達するまで、欠損金額のうち最も古い事業年度に生じた欠損金額から、順次損金の額に算入することとなります。また、同一の事業年度において生じた欠損金額のうちに特定欠損金額（法法64の7②）と非特定欠損金額があるときは、まず特定欠損金

額から繰越控除していく点も連結納税制度と同様です（法法64の7①二）。

　ただし、繰越控除により損金算入する法人は損益通算後の黒字法人に限られることから、繰越欠損金を有する法人とその繰越欠損金を損金の額に算入する法人とが別々になる（繰越欠損金の授受が生じる）場合があります。

　いったん繰越控除が行われた後は、個別の法人において修更正が行われても、損益通算の結果には影響を及ぼさず、当該法人において処理されることとなります。また、グループ内の法人間で授受が行われた繰越欠損金の額については期限内申告の数値で固定されます（法法64の7④〜⑦）。

　ただし、通算グループ内の全ての法人について、期限内申告における所得の金額が零または欠損金がある等の要件に該当するときは、全体で再計算を行います。これは、グループ全体で赤字であるにもかかわらずグループ内の法人に修更正により当該法人に所得が生じた場合、他の法人への影響を遮断すると、当該法人に税負担が生じてしまうことから、全体での損益通算の再計算を認めるものです（法法64の7⑧一）。

　一方、減更正により欠損金が生じる場合、欠損金の繰越期間のリセットに悪用されたり、連結グループから離脱する予定の法人にあえて誤った申告を行わせ減更正により欠損金を持たせたりするおそれがあることから、こうした悪用に対しては、法人税の負担を不当に減少させることとなると認められるときは、職権更正において、全体を再計算することができるようにすることとされています（法法64の7⑧二）。

　これら欠損金の遮断措置の不適用に係る具体的な要件は、損益通算における遮断措置の不適用と同様となっています。

❷ 設例

　グループ通算制度における欠損金の繰越控除は「欠損金の通算」という新条で規定されています（法法64の7）。

この「通算」との名称からも伺える通り、グループ通算制度において
は、単に自己の欠損金だけを繰越控除するのではなく、他の通算法人から
配分された欠損金の繰越控除、あるいは他の通算法人への欠損金の配分
（その上で、他の通算法人で繰越控除）という、通算法人間での欠損金の授
受が行われます。これが特定欠損金額以外の欠損金の特徴です。

一方、特定欠損金額については、連結納税制度における特定連結欠損金
と同様、自己の所得の範囲でのみ繰越控除が可能です。

大法人についてはこれまでと同様、所得の50％という控除制限に服する
ことになりますが、このキャップは個別の通算法人ごとに設定されるわけ
ではなく、グループ全体での設定となります。

以下、事例で説明します。

〈当初申告〉

通算親法人P及び通算子法人S1、S2から成る通算グループ（全て大
法人とします）について、X－1年度及びX年度の状況が以下の通りだっ
たとします。

	P	S1	S2	合計
X－1年度				
特定欠損金額(イ)	30	180	50	260
特定欠損金額以外の欠損金額(ロ)	300	140	600	1,040
X年度（適用事業年度）				
欠損控除前所得金額	440	160	360	960
損金算入限度額（所得の50％）	220	80	180	480

X年度（適用事業年度）における欠損金の繰越控除の手順を概観すると、
以下の通りです。

【手順1】特定欠損金額を全体所得の50％制限の範囲内でかつ自己の欠

損控除前所得金額の範囲で繰越控除

【手順2】 特定欠損金額以外の欠損金額について、全通算法人分を合計
の上、損金算入限度額の残額の比で各通算法人に配分

【手順3】 配分後の欠損金額を全体所得の50％制限の範囲内で繰越控除

【手順4】 欠損金額の翌期繰越

なお、【手順1】から【手順3】は欠損金の発生年度の古い順に繰り返すこととなりますが、説明の簡便から本事例では過年度の欠損金はX－1年度のみに生じたものとします。また、四捨五入の結果、端数が一致しない箇所があります。

【手順1】 特定欠損金額を全体所得の50％制限の範囲内でかつ自己の欠損控除前所得金額の範囲で繰越控除（法法64の7①三イ・四イ）				
	P	S1	S2	合計
特定欠損金額のうち欠損控除前所得金額に達するまでの金額【特】	30	160	50	240
(1) 全通算法人の損金算入限度額の合計額	480			
(2) 特定欠損金額のうち欠損控除前所得金額に達するまでの金額	30	160	50	
(3) 他の通算法人の特定欠損金額のうち欠損控除前所得金額に達するまでの金額の合計額	210	80	190	
(1)／((2)＋(3)) …割合が1を超える場合は1 （＝100％）	100％	100％	100％	
特定損金算入限度額 【特】×(1)／((2)＋(3))	30	160	50	240
損金算入額	30	160	50	240
特定欠損金額の翌期繰越額	0	20	0	20

【手順1】 は特定欠損金額の繰越控除です。

各通算法人は、自己の特定欠損金額のうち特定損金算入限度額に達するまでの金額を損金算入できます。特定損金算入限度額とは、各通算法人の特定欠損金額のうち欠損控除前所得金額に達するまでの金額（表では【特】と表示）に、全通算法人の特定欠損金額のうち欠損控除前所得金額に達する金額の合計額（(2)+(3)=240）に占める全通算法人の損金算入限度額の合計額（(1)=480）の占める割合を乗じた金額をいいます。割合が1を超えるので1（＝100％）となります。

　この事例では、各通算法人の特定欠損金額のうち欠損控除前所得金額に達するまでの金額の合計額（240）が全通算法人の損金算入限度額の合計額（480）に満たないため、自己の有する特定欠損金額のうち欠損控除前所得金額に達するまでの金額は全額控除できます。　結果、PとS2は特定欠損金額を全額控除＝損金算入でき、翌期繰越額はありません。

　一方、S1については、欠損控除前所得金額（160）の範囲内でのみ特定欠損金額を使用できるため、特定欠損金額180のうち20は使用できず、翌期繰越となります。

【手順2】特定欠損金額以外の欠損金額について、全通算法人分を合計の上、損金算入限度額の残額の比で各通算法人に配分（法法64の7①二ロ・ハ・ニ）				
	P	S1	S2	合計
特定欠損金額以外の欠損金額（再掲）(ロ)	300	140	600	1,040
(1)　全通算法人の特定欠損金額以外の欠損金額の合計額	1,040			
(2)　損金算入限度額の残額（損金算入限度額から特定欠損金額の損金算入額を控除した金額）	190 (220－30)	0 (80－160)	130 (180－50)	

(3) 他の通算法人の損金算入限度額の合計額	130	320	190	
非特定欠損金配賦額 (1)×(2)／((2)+(3))	618	0	423	1,040
非特定欠損金配賦額が特定欠損金額以外の欠損金額を超える部分の金額(ハ)	318 (618−300)	0	0	318
非特定欠損金配賦額が特定欠損金額以外の欠損金額に満たない部分の金額(ニ)	0	140 (140−0)	177 (600−423)	318
十年内事業年度において生じた欠損金とされる金額…(イ)+(ロ)((ハ)がある場合は加算、(ニ)がある場合は減算)	648 (30+300+318)	180 (180+140−140)	473 (50+600−177)	1,300

【手順2】では、通算法人間で特定欠損金額以外の欠損金額の授受を行います。

具体的には、全通算法人の特定欠損金額以外の欠損金額の合計額をプールし((1))、その金額を損金算入限度額の残額の比((2)／((2)+(3)))で各通算法人に按分します（非特定欠損金配賦額）。損金算入限度額の残額とは、各通算法人の損金算入限度額から【手順1】における特定欠損金額の損金算入額を控除した金額をいいます。

この結果、Pの当初の特定欠損金額以外の金額((ロ)の金額)は300だったのが、非特定欠損金配賦額は618となり、欠損金額が318増加します((ハ)の金額)。この318の金額が他の通算法人から配分を受けた金額です。

一方、S1、S2の(ロ)の金額はそれぞれ140、600だったのが非特定欠損金配賦額は0、423となり、欠損金額が140、177減少します((ニ)の金額)。この140、177（合計318）が他の通算法人（すなわちP）に配分を行った金額です。

【手順3】 配分後の欠損金額を全体所得の50％制限の範囲内で繰越控除（法法 64の7①三口・四口）				
非特定欠損金額（十年内事業年度において生じた欠損金額とされた金額からイを除いたもの）	618	0	423	1,040
(1) 各通算法人の損金算入限度額の合計額から特定欠損金額の損金算入額の合計額を控除した額	240 （480－240）			
(2) 全通算法人の特定欠損金額以外の欠損金額の合計額	1,040			
非特定損金算入割合（(1)／(2)）	23.1％			
非特定損金算入限度額（非特定欠損金額×非特定損金算入割合）	143	0	98	240
損金算入額	143	0	98	240
他の通算法人から配分を受けて損金算入した金額（(ハ)×非特定損金算入割合）	73	0	0	73
他の通算法人に配分し、配分先で損金算入された金額（(ニ)×非特定損金算入割合）	0	32	41	73
Ｘ＋1年度以降における欠損金の繰越控除の適用上、過年度に控除済みとされる金額（(ロ)×非特定損金算入割合）	69	32	138	240

　【手順3】では配分後の欠損金額の繰越控除を行います。

　当然のことながら配分後の欠損金額は全額繰越控除できるわけではなく、全体所得の50％キャップに服することになります。

　まず、各通算法人の損金算入限度額の合計額（480）から【手順1】で損金算入した特定欠損金額の合計額（240）を控除した残余の損金算入限度額の合計額（240）を算出し、それが全通算法人の特定欠損金額以外の

欠損金額の合計額（1,040）に占める割合（非特定損金算入割合）を計算します。ここでは23.1％となります。

　その上で、各通算法人の非特定欠損金額に非特定損金算入割合を乗じた金額が損金算入額となります（非特定損金算入限度額）。

　仕上がりを通算法人ごとに見ていくと、例えばＰの損金算入額は143であるところ、もともとの特定欠損金額以外の欠損金額(ロ)に非特定損金算入割合を乗じた金額（69）が、自己の欠損金額の使用分になります。一方、他の通算法人（Ｓ１及びＳ２）から配分を受けて損金算入した金額（73）もあります（合計143）。

　Ｓ１は、自己の損金算入額こそは０ですが、Ｐに配分し、Ｐで損金算入された欠損金額（32）は、自己の欠損金額の使用分ということになります。Ｓ２については、自己の欠損金額の使用分（138）のうち、自己で損金算入した分が98、Ｐに配分し、Ｐで損金算入された分が41ということになります。

【手順４】欠損金額の翌期繰越				
特定欠損金額の翌期繰越額（再掲）	0	20	0	20
特定欠損金額以外の欠損金額の翌期繰越額（(ロ)×（１−非特定損金算入割合））	231	108	462	800

　【手順４】は欠損金額の翌期繰越額の計算です。

　特定欠損金額の翌期繰越額については【手順１】の通りであり、かつ、特定欠損金額以外の欠損金額については、自己における使用分を「(ロ)×非特定損金算入割合」で算出するため、使用しなかった分＝翌期繰越額は、「(ロ)×（１−非特定損金算入割合）」ということになります。

❸ 遮断ルール

　個別の通算法人で修正が行われた場合には、当該通算法人の欠損金額

のみ控除額を再計算します。すなわち、当該通算法人の欠損金額の控除額を次の①と②の合計額とします（法法64の7⑤）。修更正に伴う他の通算法人への影響は遮断されます（法法64の7④）。

①　当初申告で他の法人から欠損金額の配賦を受けて控除した金額

②　次の調整をして欠損金の通算をせずに繰越控除額を計算した場合に控除される欠損金額

（ⅰ）特定欠損金額以外の金額から、当初申告で他の法人に配賦して控除された金額を控除（控除しきれない場合は益金算入）

（ⅱ）限度額（大法人は欠損控除前所得金額の50％）から、上記①の金額を控除

（ⅲ）特定欠損金がある場合には、さらに限度額を次のように調整

　イ　当初申告で他の法人に限度額を配賦して特定欠損金額の控除に使用された額を控除

　ロ　当初申告で他の法人から限度額の配賦を受けて特定欠損金額の控除に使用した金額を加算

当初申告の事例をもとにいくつか計算例を見ていきます。

■ Case ❶：Ｐの増更正

　ＰのＸ年度の当初申告を図で示すと以下の通りです。

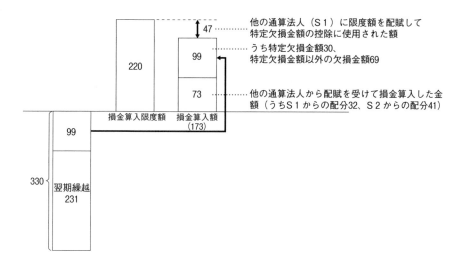

　ここで、損金算入額（173）が損金算入限度額（220）に満たない場合の
その満たない金額47が②（ⅲ）イでいう「当初申告で他の法人に限度額を
配賦して特定欠損金額の控除に使用された額」です。

　先の事例では、Ｓ１の特定欠損金額は180、欠損控除前所得金額は160、
損金算入限度額（欠損控除前所得金額の50％）は80でした。個別申告方式を
貫徹するならば、Ｓ１は特定欠損金額180のうち限度額80までしか繰越控
除できないはずですが、結果として、欠損控除前所得金額と同額の160を
繰越控除できています。

　これは、Ｐ１及びＳ２からＳ１に対し控除限度額の配賦があったからで
あり、Ｐ１からの配賦がここでは47だったということです（なお、Case
❸で見る通り、Ｓ２からＳ１への控除限度額の配賦は32となります。限度額の
配賦額の合計はＰ１からの47とＳ２からの32で80であり、Ｓ１の損金算入限度
額80と合わせて160となり、結果、Ｓ１では欠損控除前所得金額160と同額の特
定欠損金額の繰越控除が可能となります）。

こうした中、Pにつき増更正があり、PのX年度の損金算入限度額が
220から250へと増加したとします。

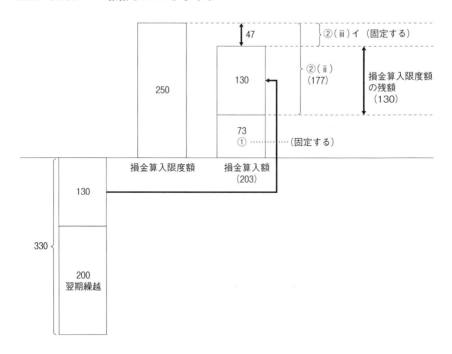

　遮断のメカニズムを確認していくと、まず、Pにおける①の金額は73で
す。次に②を見ると、Pには「当初申告で他の法人に配賦して控除された
金額」が存在しないため、（ⅰ）の金額は300（特定欠損金額以外の欠損金
額）－0＝300となります。

　（ⅱ）の金額は250（損金算入限度額）－73（①の金額）により177です。
（ⅲ）イによって控除される金額は上で見た通り47です。（ⅱ）（177）－
（ⅲ）イ（47）により、損金算入限度額の残額は130となります。

　これらを前提として、欠損金の通算をせずに繰越控除額を計算した場合
に控除される②の欠損金額は130です。よって、増更正後のPのX年度に
おける繰越控除額は、①73＋②130により、203となります。

■ Case ❷：Ｓ１の増更正

Ｓ１のＸ年度の当初申告を図で示すと以下の通りです。

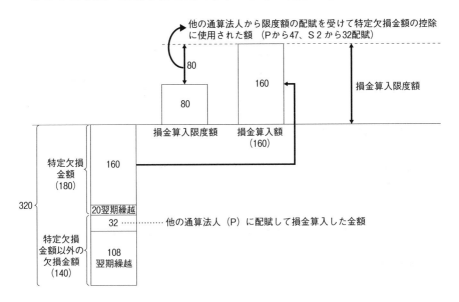

他の通算法人から限度額の配賦を受けて特定欠損金額の控除に使用された額 （Ｐから47、Ｓ２から32配賦）

80

80

160

損金算入限度額

損金算入限度額　損金算入額（160）

特定欠損金額（180）　160

320

20翌期繰越

32 ………… 他の通算法人（Ｐ）に配賦して損金算入した金額

特定欠損金額以外の欠損金額（140）　108翌期繰越

こうした中、Ｓ１につき増更正があり、Ｓ１のＸ年度の損金算入限度額が80から100に増加したとします。

まず、Ｓ１には①の金額が存在しません。次に②を見ると、Ｓ１の「当初申告で他の法人に配賦して控除された金額」は32であるため、（ⅰ）の金額は140（特定欠損金額以外の金額）－32より108となります。（ⅱ）による調整はありません。

Ｓ１の「当初申告で他の法人から限度額の配賦を受けて特定欠損金額の控除に使用した金額」は42（Ｐ１からの配賦）＋37（Ｓ２からの配賦、後述）＝80であるため、（ⅲ）ロにより損金算入限度額100にこの80を加算した180が調整後のＳ２の損金算入限度額となります。

これらを前提として、欠損金の通算をせずに繰越控除を計算した場合に控除される②の欠損金額は180です。よって、増更正後のＰのＸ年度における繰越控除額は①０＋②180により180となります。なお、この場合、特

定欠損金額から優先的に控除することになるため（法令131の9②）、この事例では特定欠損金額180を使い切ることになります。

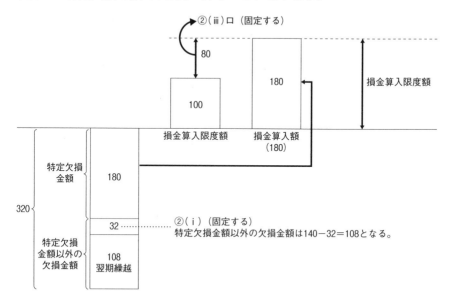

■ Case ❸：S 2 の増更正

S 2 のX年度の当初申告を図表で示すと以下の通りです。

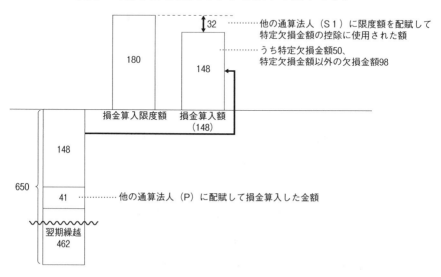

こうした中、S2につき増更正があり、S2のX年度の損金算入限度額が180から200に増加したとします。

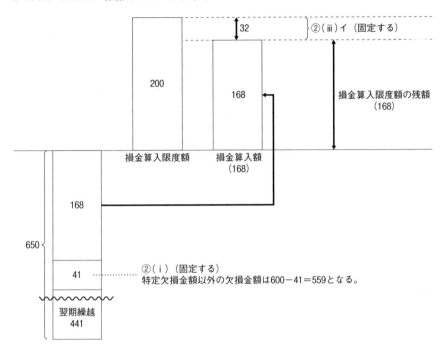

まず、S2には①の金額が存在しません。次に②を見ると、S2の「当初申告で他の法人に配賦して控除された金額」は41であるため、（ⅰ）の金額は600（特定欠損金額以外の金額）－41により559となります。（ⅱ）による調整はありません。

（ⅲ）イの金額は32です。これを損金算入限度額の200から控除して、損金算入限度額の残額は168となります。

これらを前提として、欠損金の通算をせずに繰越控除を計算した場合に控除される②の欠損金額は168です。よって、増更正後のPのX年度における繰越控除額は①0＋②168により、168となります。

[3] 利益・損失の二重計上の防止

連結納税制度

1 連結子法人の株式の評価損及び他の連結法人への譲渡に係る譲渡損益の計上

　連結子法人の資産状態が著しく悪化したため、その株式の価額が著しく低下したときは、その連結子法人の株式につき評価損を計上できます（法法81の3、33②、法令68①）。

　また、連結子法人の株式を連結グループ内の他の連結法人に譲渡したときは、いったんは譲渡損益を繰り延べますが、一定の事由が発生した場合にはその譲渡損益の戻し入れを行います（法法61の13②）。

2 投資簿価修正

　連結法人が連結子法人株式の譲渡等を行う場合には、その連結子法人株式を有するすべての連結法人は、その譲渡等の時に、その有する連結子法人株式につき、その有する連結子法人の株式数に対応するその連結子法人の連結期間中の連結個別利益積立金額の増減額に相当する金額だけ帳簿価額の増減修正を行い、かつ、自己の連結個別利益積立金額につき、同額の増減修正を行います（法法2十八〜十八の三、法令9①六、9の2①四・②・③、9の3）。

　「譲渡」には、連結グループ外に対する譲渡、連結グループ内の連結法人に対する譲渡の双方が含まれます。また、譲渡「等」には、他の連結法人の株式に関する評価替え、他の連結法人にみなし配当事由が生じたこと等が含まれます。

グループ通算制度

　グループ通算制度においては、利益・損失の二重計上の防止の観点などから、投資簿価修正制度を次の制度に改組することとなりました。

1 通算子法人の株式の評価損益・譲渡損益の不計上

　まず、通算法人が有する他の通算法人の株式の評価損益は計上しないこととなります（法法25④、33⑤）。また、その株式を通算グループ内の他の通算法人以外の通算法人に対して譲渡した場合の譲渡損益を計上しないこととなります（法法61の11⑧）。

　なお、上記の他の通算法人が損益通算を行わない一定の法人及び通算親法人である場合には、これらの対象外となります（法令24の3、68の3②、122の12⑯）。一定の法人とは、初年度離脱通算子法人（通算子法人で通算親法人との間に通算完全支配関係を有することとなった日の属する通算親法人の事業年度終了の日までに、かつ、その通算完全支配関係成立の日以後2月以内に通算完全支配関係を有しなくなったもの）をいいます（法令24の3）。

　この改正の背景として、政府税調の連結納税専門家会合報告書では以下の説明が行われています。

　同様の問題は、含み損のある資産を有する子法人の株式を有するグループ内法人が、その子法人の株式について、評価損を計上し、又はグループ内譲渡（非適格組織再編成を含む。）を2回行って譲渡損を計上し、その後その子法人がその資産の含み損を実現させる場合にも生ずる。したがって、企業グループから子法人が離脱せずに子法人株式と資産の損失をそれぞれ計上する方法による損失の2回控除についても、これを防ぐ方策を検討する必要がある。

グループ内譲渡を例にとると、以下の図のような事例が念頭にあると思われます。

グループ内譲渡の例

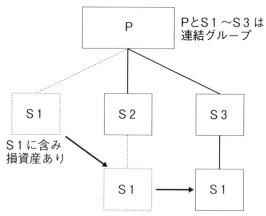

① PがS1株をS2に譲渡（S1の含み損資産分の譲渡損は譲渡損益調整勘定の設定により繰延べ）
② S2がS1株をS3に再譲渡（Pにおける譲渡損益調整勘定の取崩し）→ Pで<u>譲渡損実現</u>
③ その後、S1が含み損資産を譲渡→含み損資産の<u>譲渡損</u>

　　　　　　　　　　　　　　　　　　…②と③で損失の二重計上

改正後の処理は以下の通りとなります。

まず、上記①の場面では、仮にS1株式の簿価が100、時価が80とすると、時価80で売却した上で、譲渡損に対応する譲渡損益調整勘定を設定します（法法61の11①）。

• Pの処理

資産（現預金）	80	S1株	100
譲渡損	20		

譲渡損益調整勘定	20	譲渡損益調整益	20

ここまでは改正前と同様ですが、ここからが異なります。

まず、譲渡損20に対応する分、Pの利益積立金額を減少させます（法令9①一チ）。そして、上記②の場面では、譲渡損益調整勘定の取崩しを行いません（法法61の11⑧）。これによって、譲渡損20が実現しないこととなります。

2 離脱法人株式の帳簿価額＝離脱法人簿価純資産価額

　次に、通算グループからの離脱法人の株式の離脱直前の帳簿価額は、離脱法人の簿価純資産価額に相当する金額とされます。

　具体的には、以下の通り計算します（法令119の3⑤）。

$$
\begin{array}{l}
\text{離脱する通算法人の株式} \\
\text{の離脱直前の帳簿価額}
\end{array}
=
\text{離脱直前の帳簿価額}
\begin{array}{l}
+\ \text{簿価純資産不足額} \\
\quad\text{又は} \\
-\ \text{簿価純資産超過額}
\end{array}
$$

簿価純資産不足額
　＝離脱直前の帳簿価額が簿価純資産価額に満たない場合におけるその満たない金額

簿価純資産価額

$$
=
\left(
\begin{array}{l}
\text{通算承認の効力を失} \\
\text{った日の前日の属す} \\
\text{る事業年度終了の時} \\
\text{において有する資産} \\
\text{の価額の合計額}
\end{array}
-
\begin{array}{l}
\text{通算承認の効力を失った日} \\
\text{の前日の属する事業年度終} \\
\text{了の時において有する負債} \\
\text{（新株予約権に係る義務含} \\
\text{む）の価額の合計額}
\end{array}
\right)
\times
\begin{array}{l}
\text{通算承認の効力を} \\
\text{失う直前の離脱す} \\
\text{る通算法人に対す} \\
\text{る持株割合}
\end{array}
$$

簿価純資産超過額
　＝離脱直前の帳簿価額が簿価純資産価額を超える場合におけるその超える金額

　なお、離脱する通算法人の株主である通算法人においては、簿価純資産不足額が生じた場合には対応する分だけ利益積立金が増加し、簿価純資産超過額が生じた場合には対応する分だけ利益積立金額が減少します（法令9①六）。

　この改正は、主として事務負担の軽減と租税回避の防止の観点から導入されたものです。前者については、投資簿価修正の計算が煩雑であるとの

従来の企業・実務家の指摘を踏まえたもの、後者については、政府税調専門家会合報告書における以下の問題意識を踏まえたものです。

> 含み益についても、含み益のある資産を譲渡して含み益を実現させ、その譲渡した法人の株式について投資簿価修正を行った後、その株式を売却することで、含み益が生じていた資産の帳簿価額が引き上がるにもかかわらず、含み益の実現益は株式譲渡損が生じた場合には相殺されて課税が逃れられるなどの問題が生ずる。

事例で示すと以下の通りです。

■ Case ❶

〔前提〕

・連結親法人Pと連結子法人Sからなるグループ

・PはS1株を帳簿価額150で保有（S1簿価純資産価額100＋含み益相当50）

・S1のB/S

資産	300（※1）	負債	200
		利益積立金額（利積）	0（※2）
		資本金等	100

（※1）うち含み益50の資産100あり
（※2）連結グループ加入時から変動なし（0のまま）

〔S1が含み益資産の譲渡〕

・S1の処理

資産（現預金）	150	資産（含み益資産）	100
		譲渡益	50

・譲渡後のS1のB/S

資産	350	負債	200
		利積	50（※3）
		資本金等	100

（※3）譲渡益見合い

〔PがS1株を譲渡〕

・Pの処理（投資簿価修正）…S1の利積の増加分を調整

| S1株 | 50 | 利積 | 50 |

→この結果、PのS1株簿価は150→200

・Pの処理（S1株譲渡）

| 資産（現預金） | 150（※4） | S1株 | 200 |
| 譲渡損 | 50 | | |

（※4）S1の簿価純資産価額相当額で売却したと仮定。

→この結果、連結納税により譲渡益50と譲渡損50は相殺

この事例を前提とすると、グループ通算制度での処理は以下となります。

〔PがS1株を譲渡〕

・Pの処理（投資簿価修正）

　　S1株の離脱直前簿価をS1の簿価純資産価額とする必要、ただしS1株簿価150、S1の簿価純資産価額150のため、投資簿価修正なし

・Pの処理（S1株譲渡）

| 資産（現預金） | 150 | S1株 | 150 |

→この結果、譲渡損は生じず。結果、譲渡益と譲渡損の相殺もなし。

なお、PとS1が単体納税の場合は以下の処理となります。

〔PがS1株を譲渡〕

・投資簿価修正なし

・Pの処理

資産（現預金）	150	S1株	150

　→こちらも譲渡損は生じず

■ Case ❷

　Case ❶は専門調査会報告書の問題意識を端的に説明したものですが、のれんを考慮に入れたケースも見ていきます。

〔前提〕

・連結親法人Pと連結子法人Sからなるグループ

・PはS1株を帳簿価額180により保有（S1の簿価純資産価額100＋含み益相当50＋のれん30）

・S1のB/S（Case ❶と同様）

資産	300	負債	200
		利積	0
		資本金等	100

〔S1が含み益資産の譲渡（Case ❶と同様）〕

・S1の処理

資産（現預金）	150	資産（含み益資産）	100
		譲渡益	50

・譲渡後のS1のB/S

資産	350	負債	200
		利積	50
		資本金等	100

〔PがS1株を譲渡〕

○連結納税制度

・Pの処理（投資簿価修正）…S1の利積の増加分を調整

| S1株 | 50 | 利積 | 50 |

・Pの処理（S1株譲渡）

| 資産（現預金） | 170（※1） | S1株 | 230 |
| 譲渡損 | 60 | | |

（※1）S1の簿価純資産価額150＋のれん20で売却したと仮定。

→連結納税により譲渡益50と譲渡損60は相殺

○グループ通算制度

・Pの処理（投資簿価修正）

S1株の離脱直前簿価をS1の簿価純資産価額とする必要。

| 利積 | 30 | S1株 | 30 |

→この結果、PのS1株簿価は180→150

・Pの処理（S1株譲渡）

| 資産（現預金） | 170 | S1株 | 150 |
| | | 譲渡益 | 20 |

○単体納税制度

・投資簿価修正なし

・Pの処理

| 資産（現預金） | 170 | S1株 | 180 |
| 譲渡損 | 10 | | |

Case ❶と Case ❷における結果から分かるのは、Pの当初S1株簿価

がS１の当初簿価純資産価額を超える部分の金額（いわば買収プレミアム）に相当する金額は、連結納税制度からグループ通算制度への移行に伴い、S１株式の譲渡原価に算入できず、その結果、S１株の売却時に譲渡益の過大計上、譲渡損の過少計上が生じるということです。

■ Case ❶

　当初S１株簿価＝150

　当初S１簿価純資産価額＝100

　買収プレミアム（150－100）＝50

○連結納税制度におけるS１株の譲渡原価＝200

　→譲渡損50

○グループ通算制度におけるS１株の譲渡原価＝150（買収プレミアム50の譲渡原価不算入）

　→譲渡損０（譲渡損の過少計上）

■ Case ❷

　当初S１株簿価＝180

　当初S１株簿価純資産価額＝100

　買収プレミアム（180－100）＝80

○連結納税制度におけるS１株の譲渡原価＝230

　→譲渡損60

○グループ通算制度におけるS１株の譲渡原価＝150（買収プレミアム80の譲渡原価不算入）

　→譲渡益20（譲渡益の過大計上）

　一般に企業の事業買収案件については、簿価純資産価額以上の金額、すなわちプレミアム付で買収を行うところ、グループ通算制度では、この買

収プレミア分が将来的な株式売却の際、売却原価に算入できず、現行の連結納税よりも不利となり、かつ、場合によっては単体納税法人よりも不利となるおそれがあることに注意が必要です。

本件については、政省令において特段の手当はされていません。

3 開始・加入時における通算子法人株式の時価評価

グループ通算制度の適用開始又は通算グループへの加入をする子法人で親法人との間に完全支配関係の継続が見込まれないものの株式について、株主において時価評価により評価損益を計上することとなります（法法64の12②）。

この改正は、**2**の改正を行うこと等により、損益通算を行う局面で租税回避のおそれが生じることから導入されたものとされます。

なお、グループ通算制度の適用開始又は通算グループへの加入後損益通算をせずに2月以内に通算グループから離脱する法人（初年度離脱加入子法人）については、上記**1**から**3**までは適用されません（法令131の16⑥）。

1から**3**の改正は、現状ではその趣旨が明確ではない部分が多いため、今後、立法担当者の解説を待つ必要があります。

[4] 税率

連結納税制度

連結親法人に対して課する各連結事業年度の連結所得に対する法人税額は、連結所得に以下の税率を乗じて計算します。

1 普通法人 （法法81の12①②⑥、措法68の 8 ①）

区　　分	税率
大法人（※ 1 ）	23.2%
中小法人（※ 2 ） ・連結所得の金額のうち800万円以下の金額（令和 2 （2020）年度末までの特例）	19%（15%）
・連結所得の金額のうち800万円を超える部分	23.2%

（※ 1 ） 期末資本金額が 1 億円超である連結親法人
（※ 2 ） 期末資本金額が 1 億円以下である連結親法人。ただし資本金の額が 5 億円以上の法人又は相互会社等の100％子法人等は除きます

　税率は連結親法人の資本金の額を基準に判定しますので、連結親法人が中小法人であれば、連結子法人に大法人が含まれていたとしても19％（特例15％）の軽減税率が適用できます。

　反対に、連結親法人が大法人であれば、連結子法人に中小法人が含まれていたとしても、連結グループ全体として軽減税率が適用できません。

2 共同組合等 （法法81の12③、措法68の 8 ①）

区　　分	税率
共同組合等である連結親法人	20%
〈令和 2 （2020）年度末までの特例〉 ・連結所得の金額のうち800万円以下の金額	16%

グループ通算制度

　税率は、各通算法人の適用税率によることとなります（法法66）。例えば普通法人かつ大法人であれば、損益通算後かつ欠損金の繰越控除後の所得の金額にそれぞれ23.2％を乗じることになります。

通算法人が中小通算法人（大通算法人以外の普通法人である通算法人）に該当する場合には、各事業年度の所得の金額のうち軽減対象所得金額以下の金額については19％の軽減税率が適用されます（法法66⑥）。

　大通算法人とは、通算法人である普通法人又は当該普通法人の各事業年度終了の日において当該普通法人との間に通算完全支配関係がある他の通算法人のうち、いずれかの法人が次に掲げる法人に該当する場合における当該普通法人をいいます。

①　当該各事業年度終了の時における資本金の額又は出資金の額が１億円を超える法人

②　当該各事業年度終了の時において以下の該当する法人

（ⅰ）保険業法に規定する相互会社

（ⅱ）大法人（次に掲げる法人をいう）との間に当該大法人による完全支配関係がある法人

　　・資本金の額又は出資金の額が５億円以上である法人

　　・相互会社

　　・受託法人

（ⅲ）普通法人との間に完全支配関係がある全ての大法人が有する株式及び出資の全部を当該全ての大法人のうちいずれか一の法人が有するものとみなした場合において当該いずれか一の法人と当該普通法人との間に当該いずれか一の法人による完全支配関係があることとなるときの当該普通法人（（ⅱ）に該当するものを除く）

（ⅳ）受託法人

　例えば通算法人Ａが資本金１億円未満だったとしても、他の通算法人Ｂが資本金１億円超である場合には、通算法人Ａは大通算法人となり、中小通算法人に非該当、軽減税率の適用を受けることができません。通算グループ内の全ての通算法人が中小法人に該当する場合に限り軽減税率が適

用できるということです。

　各通算法人の軽減対象所得金額は、年800万円を通算グループ内の所得
法人の所得の金額の比で配分した金額となります（法法66⑦・⑪）。

　年800万円という金額は、通算グループ全体の金額です。軽減対象所得
金額を通算法人ごとに認めると、分社化による制度の濫用（軽減対象所得
金額の増殖）が懸念されるためです。

　具体的な計算例は以下の通りです。

	所　得
通算親法人（Ｐ）	2,000万円
通算子法人（Ｓ１）	1,000万円
通算子法人（Ｓ２）	200万円

〔軽減対象所得金額〕

$$\text{P} : 800 \times \frac{2,000}{2,000 + 1,000 + 200} = 500$$

$$\text{S 1} : 800 \times \frac{1,000}{3,200} = 250$$

$$\text{S 2} : 800 \times \frac{200}{3,200} = 50$$

〔税額の計算〕

　Ｐ：$500 \times 15\% + (2,000 - 500) \times 23.2\%$

　Ｓ１：$250 \times 15\% + (1,000 - 250) \times 23.2\%$

　Ｓ２：$50 \times 15\% + (200 - 50) \times 23.2\%$

　なお、通算法人及び他の通算法人の所得の金額がそれぞれの当初申告所
得金額と異なる場合には、原則として当初申告所得金額が所得の金額とみ
なされます（法法66⑧）。

例えば、上記の事例において、Ｐの所得の金額が本来は2,500万円であり、当初申告所得金額（2,000万円）と異なる場合であっても、2,500万円をベースに軽減対象所得金額の再計算をすることはないということです（遮断）。

ただし例外もあります。まず、通算法人のいずれかについて修更正があった場合において、上記の遮断を適用しないとした場合における通算法人及び他の通算法人の所得の金額の合計額が800万円以下である場合には遮断が適用されません（法法66⑨一）。

■ Case ❶

〔当初申告所得金額〕

	所　得
通算親法人（Ｐ）	300万円
通算子法人（Ｓ１）	200万円
通算子法人（Ｓ２）	100万円
合計	600万円

Ｐ：所得金額（300）のうち軽減対象所得金額 $\left(800 \times \dfrac{300}{600} = 400\right)$ 以下の金額＝300

Ｓ１：所得金額（200）のうち軽減対象所得金額 $\left(800 \times \dfrac{200}{600} = 267\right)$ 以下の金額＝200

Ｓ２：所得金額（100）のうち軽減対象所得金額 $\left(800 \times \dfrac{100}{600} = 133\right)$ 以下の金額＝100

〔P増更正により所得300→400〕

	所　得
通算親法人（P）	400万円
通算子法人（S1）	200万円
通算子法人（S2）	100万円
合計	700万円

P：所得金額（400）のうち軽減対象所得金額（$800 \times \frac{400}{700} = 457$）以下の金額＝400

S1：所得金額（200）のうち軽減対象所得金額（$800 \times \frac{200}{700} = 229$）以下の金額＝200

S2：所得金額（100）のうち軽減対象所得金額（$800 \times \frac{100}{700} = 114$）以下の金額＝100

　例えばPとS1とS2の当初申告所得金額の合計額が600万円であったところ、Pの増更正により合計額が700万円となる場合には、800万円以下であるため、遮断されず、Pの所得金額は400として再計算されます。

　合計額が800万円以下であるならば、各通算法人の所得金額にそのまま軽減税率を適用するため、複雑な再計算が必要というものでもなく、遮断する理由がないからであると考えられます。この場合、所得の金額が増加するPにのみ修更正事由が生じることとなります。

■ Case ❷

〔P増更正により所得300→600〕

	所　得
親法人（P）	600万円
子法人（S1）	200万円
子法人（S2）	100万円
合計	900万円

　Pの増更正により合計額が900万円となる場合には、800万円を超えるため、遮断され、Pの所得金額は当初申告所得金額通り300万円で固定されます。

　遮断しない場合はP、S1、S2で軽減対象所得金額の再計算が必要となり、事務が煩雑になることが理由と考えられます。

■ Case ❸

〔当初申告所得金額〕

	所　得
親法人（P）	600万円
子法人（S1）	200万円
子法人（S2）	100万円
合計	900万円

〔軽減対象所得金額〕

$$P：800 \times \frac{600}{900} = 533$$

$$S1：800 \times \frac{200}{900} = 178$$

$$S2 : 800 \times \frac{100}{900} = 89$$

〔P減更正により所得600→400〕

	所　得
親法人（P）	400万円
子法人（S1）	200万円
子法人（S2）	100万円
合計	700万円

P：所得金額（400）のうち軽減対象所得金額（$800 \times \dfrac{400}{700} = 457$）以下の金額＝400

S1：所得金額（200）のうち軽減対象所得金額（$800 \times \dfrac{200}{700} = 229$）以下の金額＝200

S2：所得金額（100）のうち軽減対象所得金額（$800 \times \dfrac{100}{700} = 114$）以下の金額＝100

　例えばPとS1とS2の当初申告所得金額の合計額が900万円であったところ、Pの減更正により合計額が700万円となる場合には、800万円以下であるため、遮断されず、Pの所得金額は400として再計算します。

　遮断すると軽減対象所得金額の合計額が800万円のままとなり、過大となってしまうからと見られます。

　この他、損益通算・欠損金の通算の遮断措置が不適用となる場合（すなわち通算法人の全てが欠損法人の場合、濫用防止措置が適用される場合）も遮断せず、再計算を行うこととなります（法法66⑨二・三）。

[5] 税効果相当額の授受

連結納税制度

　連結納税制度では、各連結法人の連結所得に対する法人税額の負担額または法人税額の減少額として帰せられる金額が、各連結法人における連結法人税個別帰属額として、一定の基準により計算されます。

　連結所得個別帰属額に法人税率を乗じた金額が連結法人税個別帰属額となります。一方、連結欠損金額が生じている場合には、個別欠損金額が生じている連結法人の連結法人税個別帰属額については、その連結法人の個別欠損金額からその連結法人の連結欠損金個別帰属額（損益通算できずその連結事業年度の連結欠損金額を構成することとなった部分の金額）を控除したものに法人税率を乗じた金額となります（法法81の18）。

　なお、連結法人間で連結法人税の個別帰属額の授受を行う必要はありませんが、仮に授受を行った場合には、支出側では損金不算入となり、受領側では益金不算入とされています（法法26④・⑤、38③・④）。

グループ通算制度

　グループ通算制度では、各通算法人がそれぞれ法人税の額を計算し、納付するので、連結納税制度のようにそれぞれの法人税の負担額・減少額を配分する作業はありません。

　しかし、グループ通算制度の下でも、損益通算・欠損金の通算が行われることにより、通算グループ内の他の通算法人の欠損金を自身の所得から控除することとなり、税負担を減少させる一方、他の通算法人の欠損金は減少することになります。

したがって、グループ通算制度の下でも、通算法人が他の通算法人との間で「通算税効果額」（グループ通算制度を適用することにより減少する法人税及び地方法人税の額に相当する金額として内国法人間で授受される金額をいいます）を授受する場合には、その授受する金額は、益金の額及び損金の額に算入しないこととされています（法法26④、38③）。

なお、通算税効果額の授受は、通算親法人を経由したものも対象となる見込みです。

通算税効果額の算出方法の例としては、以下が考えられます。

① 損益通算

損益通算により減少する当期の所得金額・欠損金額に法人税率・地方法人税率を乗じて算出された金額を通算税効果額とする方法

② 欠損金の通算

被配賦欠損金控除額又は配賦欠損金控除額に非特定損金算入割合を乗じ、これに法人税率・地方法人税率を乗じた金額を通算税効果額とする方法

③ 試験研究費の総額に係る税額控除額

通算グループ全体の税額控除額の合計額を各通算法人の試験研究費の額の比で按分して算出された金額と各通算法人の税額控除額との差額（地方法人税相当額を含む）を通算税効果額とする方法

6 ▶ 申告及び納付

[1] 電子申告

連結納税制度

　特定法人（連結事業年度開始時の資本金が1億円超の法人及び相互会社）である連結親法人の法人税及び地方法人税の納税申告書（連結中間申告書、連結確定申告書、修正申告書）の提出については、令和2（2020）年度より、それら納税申告書に記載すべきものとされている事項（申告書記載事項）又はそのその添付書類に記載すべきものとされ、もしくは記載されている事項（添付書類記載事項）を電子情報処理組織（e-Tax）を使用する方法により提供することにより、行わなければなりません。

　ただし、添付書類については、添付書類記載事項を記録した光ディスク、磁気テープ又は磁気ディスク（光ディスク等）を提出する方法により行うことが可能です（法法81の24の2①）。

　また、特定法人である連結親法人が電気通信回線の故障、災害その他の理由によりe-Taxを使用することが困難であると認められる場合で、かつ、納税申告書を提出することができると認められる場合において、納税地の所轄税務署長の承認を受けたときは、その税務署長が指定する期間内に行う申告については、e-Taxを使用せず書面により申告書及び添付書類を提出することにより行うことが可能です（法法81の24の3①）。

> **グループ通算制度**

　政府税調の連結納税専門家会合報告書では、上記の電子申告の義務化の動向に触れつつ、「企業グループ内の法人間で損益通算等の調整計算が正しく行われているか、課税庁が円滑かつ効率的に確認する必要がある」とし、企業グループ内の各法人に電子申告義務を課すことが適当であると結論付けました。

　この結果、グループ通算制度の適用法人は、e-Tax により法人税及び地方法人税の確定申告書、中間申告書及び修正申告書を提出しなければならないこととされました（法法75の4②）。

　資本金が1億円以下の法人も含め、全ての適用法人に e-Tax の使用が義務付けられることがポイントです。

　なお、添付書類の提出方法（光ディスク等での提出を可とすること）及び e-Tax による申告が困難である場合の特例（書面による提出を可とすること）についても、同様とされます（法法75の4①、75の5）。

[2]　中間申告

連結納税制度

　連結親法人は、連結事業年度が6月を超える場合には、その連結事業年度開始の日以後6月を経過した日から2月以内に、税務署長に対し、前連結事業年度の税額実績を基礎とした連結中間申告書を提出しなければなりません（法法81の19①）。

　基本的には、下記算式の通り、前連結事業年度の法人税額の半額が連結中間申告の対象となります（前期実績による連結中間申告）。

連結中間申告書に記載する金額＝
（前連結事業年度の連結確定法人税額÷前連結事業年度の月数）× 6

　これに対し、連結親法人が、その連結事業年度開始の日以後 6 月の期間を一連結事業年度とみなして、その期間に係る課税標準である連結所得の金額又は連結欠損金額を計算した場合には、その連結親法人は、前期実績による連結中間申告に代えて、この仮決算による連結中間申告書を提出することができるとされています（法法81の20）。

　なお、仮決算による連結中間申告額が前期実績による連結中間申告額を超える場合には、仮決算による中間申告書を提出することができません。

グループ通算制度

　グループ通算制度においては、原則として親法人及び各子法人が中間申告を含め、法人税の申告を個別に行うことになりますが（法法71①）、仮決算による中間申告は、通算グループ内の全ての法人が行わなければならないこととなります（法法72⑤四）。

[3]　申告期限の延長

連結納税制度

　連結親法人が、定款等の定めにより、もしくは連結法人に特別の事情があることにより、当該連結事業年度以後の各連結事業年度終了の日の翌日から 2 月以内に当該各連結事業年度の決算についての定時総会が招集されない常況にあると認められる場合又は連結子法人が多数に上ることその他

これに類する理由により当該連結事業年度以後の各連結事業年度の連結確定申告書を提出期限（各連結事業年度終了の日の翌日から2月以内）までに提出することができない常況にあると認められる場合には、納税地の所轄税務署長は、その連結親法人の申請に基づき、当該連結事業年度以後の各連結事業年度の当該申告書の提出期限を原則2月間延長できるとされています（法法81の24）。

　また、連結親法人が、災害その他やむを得ない理由により連結確定申告書を提出期限までに提出することができないと認められる場合には、下記、国税通則法の規定により提出期限が延長された場合を除き、納税地の所轄税務署長は、その連結親法人の申請に基づき、期日を指定してその提出期限を延長することができます（法法81の23）。

　国税庁長官、国税不服審判所長、国税局長、税務署長又は税関長は、災害その他やむを得ない理由により、国税に関する法律に基づく申告、申請、請求、届出その他書類の提出、納付又は徴収に関する期限までにこれらの行為をすることができないと認めるときは、その理由のやんだ日から2月以内に限り、当該期限を延長することができます（通則法11）。

グループ通算制度

① 　グループ通算制度の適用法人の申告については、原則として各事業年度終了の日の翌日から2月以内に、確定申告書を提出しなければなりませんが（法法74①）、連結納税制度と同様に、申告期限の延長の特例による延長期間は原則2月とされます（法法75の2①・⑪一）。この申告期限の延長の特例を受けるためには、通算親法人がその適用を受けようとする事業年度終了の日の翌日から45日以内に、その申請書を通算親法人の納税地の所轄税務署長に提出する必要があります（法法75の2③・⑪一）。

② また、災害等により決算が確定しない場合等の申告期限の延長及び①の延長の特例の申請は親法人のみが行うものとし（法法75⑧三、75の2⑪三）、親法人に延長の処分があった場合におけるその子法人及び①の延長の特例を受けている通算グループに加入した子法人は、申告期限が延長されたものとみなされます（法法75⑧二、75の2⑪二）。

　なお、グループ通算制度の適用法人について、通算グループからの離脱があった場合には、その離脱後に開始する事業年度について、①の延長の特例は効力を失います（法法75の2⑪六）。

③ 国税通則法の災害等による期限延長制度により通算グループ内のいずれかの法人の確定申告や中間申告にかかわる申告期限が延長された場合には、他の法人についても申告期限の延長があったものとされます（法法72の2、75の3）。

④ 通算法人がその確定申告書の提出期限の延長の特例を受けている場合には、その申告書に係る法人税の納付期限についても延長することが認められます。ただし、その延長された期間の日数に応じて、利子税が課されます（法法75⑦、75の2⑧、措法93）。

7 ▶ 開始・加入・離脱

[1] みなし事業年度

連結納税制度

1 開始時

連結子法人となる法人の事業年度が連結親法人の事業年度と異なる場合には、最初の連結事業年度開始の日の前日の属する連結子法人となる法人の事業年度開始の日から、最初の連結事業年度開始の日の前日までの期間をみなし事業年度とすることなります（法法14①三）。

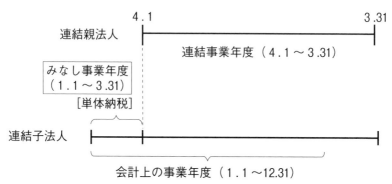

（注）・連結親法人となる法人が3月決算法人、連結子法人となる法人が12月決算法人と仮定します。

・この場合、連結子法人のみなし事業年度は1.1～3.31となります（単体納税）。

2 加入時

　連結親法人による完全支配関係を有することとなった加入法人は連結法人となり、原則として加入日に連結納税の承認があったものとみなされます（法法4の3⑩）。

　この場合、連結親法人事業年度の中途に加入があった場合は、加入日の前後（加入日の前日の属する事業年度開始の日から当該前日までの期間及び当該加入日から連結親法人事業年度終了の日までの期間）でみなし事業年度を設けます（法法14①六、15の2①四）。

連結事業年度＝連結親法人の会計上の事業年度（4.1〜3.31）

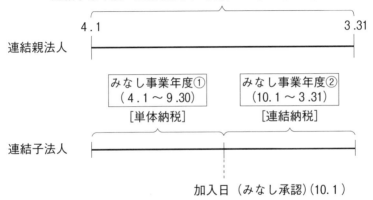

（注）・連結親法人及び加入法人たる連結子法人ともに3月決算法人と仮定します。
　　　・完全支配関係が発生した日（加入日）は10.1とします。
　　　・みなし事業年度①は4.1〜9.30となります（単体納税）
　　　・みなし事業年度②は10.1〜3.31となります（連結納税）。

　なお、連結納税への加入日は、月中の場合であっても、原則として加入日を基準としてみなし事業年度が発生しますが、事務負担が膨大となるため、加入時期の特例（月次決算日の特例）が設けられています（法法14②）。

　すなわち、加入法人が本来の加入日の前日の属する事業年度に係る確定申告書の提出期限までに特例の適用を受ける旨の記載をした書類を納税地

の所轄税務署等に提出した場合であって、その加入日からその加入日の前日の属する月次決算期間の末日まで連結親法人による完全支配関係が継続しているときは、完全支配関係を有することとなった日の属する月次決算期間の末日をみなし事業年度終了の日とし、その翌日を連結納税のみなし承認日及び効力発生日とすることができます（法法4の3⑩括弧書き）。

　この場合のみなし事業年度は次の通りです（法法14②一イ）。

①　加入日の前日の属する事業年度開始の日から加入日の前日の属する月次決算期間の末日までの期間

②　その月次決算期間の末日の翌日からその翌日の属する連結親法人事業年度終了の日までの期間

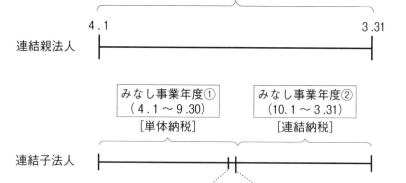

（注）・連結親法人及び加入法人たる連結子法人ともに3月決算法人と仮定します。

　　　・完全支配関係が発生した日（本来の加入日）は9.15とします。

　　　・月次決算日の特例を利用する場合は、10.1が連結納税のみなし承認日及び効力発生日となります。

　　　・みなし事業年度①は4.1〜9.30となります（単体納税）

　　　・みなし事業年度②は10.1〜3.31となります（連結納税）。

3 離脱時

連結子法人が連結事業年度の中途において連結親法人との間に当該連結親法人による連結完全支配関係を有しなくなった場合には、連結納税の承認が取り消されたものとみなされ（法法4の5②五）、以下の期間がみなし事業年とされます（法法14①八）。

① 連結事業年度開始の日からその有しなくなった日の前日までの期間

② その有しなくなった日からその連結事業年度終了の日までの期間

③ その終了の日の翌日からその翌日の属する事業年度終了までの期間

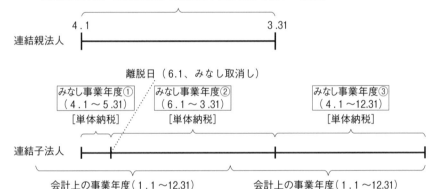

連結事業年度＝連結親法人の会計上の事業年度（4.1～3.31）

（注）・連結親法人が3月決算法人、連結子法人が12月決算法人と仮定します。
・6.1離脱とします。
・みなし事業年度①は4.1～5.31となります。この場合、連結子法人は連結子法人の状態で単体申告をします。
・みなし事業年度②は6.1～翌3.31となります（単体納税）。事業年度終了の日が連結親法人と同様のため「名残事業年度」と呼ばれることもあります。
・みなし事業年度③は4.1～12.31となります（単体納税）。

グループ通算制度

　グループ通算制度の適用開始、通算グループへの加入又は通算グループからの離脱の際のみなし事業年度について、以下の見直しを行うほか、連結納税制度と同様とされます。

■1 加入時期の特例の拡充

　事業年度の中途で親法人との間に完全支配関係を有することとなった場合の加入時期の特例について、その完全支配関係を有することとなった日の前日の属する会計期間の末日の翌日を承認の効力発生日及び事業年度開始の日とすることができる措置が加えられます（法法14⑧一ロ）。

　すなわち、加入法人が本来の加入日（完全支配関係を有することとなった日）の前日の属する事業年度に係る確定申告書の提出期限までに特例の適用を受ける旨の記載をした書類（法規8の3の3）を納税地の所轄税務署等に提出した場合であって、その加入日からその加入日の前日の属する特例決算期間の末日まで通算親法人による完全支配関係が継続しているときは、その加入日の前日の属する特例決算期間の末日の翌日を通算承認の効力発生日及び事業年度開始の日とすることができることになります（法法64の9⑪括弧書き）。

　特例決算期間とは、次に掲げる期間のうち当該書類に記載された期間をいいます。

①　当該内国法人の月次決算期間（会計期間をその開始の日以後1月ごとに区分した各期間をいいます）

②　当該内国法人の会計期間

　グループ通算制度においては、法人の選択により、月次決算の特例と会計期間（年度ベース）の特例のいずれかを利用できるということです。事

通算親法人の事業年度（4.1～3.31）

通算親法人

〔月次決算の特例〕

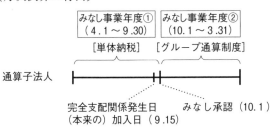

みなし事業年度①
（4.1～9.30）
［単体納税］

みなし事業年度②
（10.1～3.31）
［グループ通算制度］

通算子法人

完全支配関係発生日
（本来の）加入日（9.15）　みなし承認（10.1）

〔会計期間の特例〕

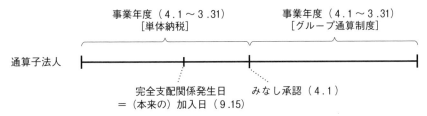

事業年度（4.1～3.31）
［単体納税］

事業年度（4.1～3.31）
［グループ通算制度］

通算子法人

完全支配関係発生日
＝（本来の）加入日（9.15）　みなし承認（4.1）

（注）・通算親法人、通算子法人とも３月決算法人と仮定します。
　　　・完全支配関係が発生した日（本来の加入日）は9.15とします。
　　　・月次決算日の特例を利用する場合は、10.1が通算承認日及び効力発生日
　　　　となります。みなし事業年度①は4.1～9.30（単体納税）、みなし事業年度
　　　　②は10.1～3.31となります（グループ通算）。
　　　・会計期間の特例を利用する場合は、翌4.1が通算承認日及び効力発生日と
　　　　なります。

務負担等に配慮がなされた改正といえます。

　なお、離脱時には、加入時のような月次決算日の特例がないため、企業
からは同様の特例の創設を求める声がありましたが、認められませんでし
た。

２ 名残事業年度の廃止

　離脱法人の離脱日に開始する事業年度終了の日を親法人の事業年度終了の日とする措置が廃止されます（法法14④二）。すなわち、前記のいわゆる名残事業年度（87頁（注）参照）が廃止されるということです。この結果、離脱時のみなし事業年度は以下の通りとなります。

　①　事業年度開始の日から通算親法人との間に当該通算親法人による通算完全支配関係を有しなくなった日の前日までの期間（法法14④二）

　②　その有しなくなった日からその有しなくなった日の属する事業年度終了までの期間（法法13①）

　なお、離脱した子法人は①の期間については通算法人として申告を行いますが、その期間は通算親法人の事業年度終了の日に終了しないことから、損益通算の規定等の適用はありません。

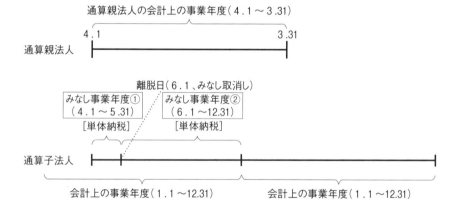

（注）・親法人が３月決算法人、子法人が12月決算法人と仮定します。
　　　・6.1離脱とします。
　　　・みなし事業年度①は4.1～5.31となります。
　　　・みなし事業年度②は6.1～12.31となります。
　　　・以降の事業年度は1.1～12.31となります。

　こちらも事務負担の軽減につながる改正といえます。

[2]　開始・加入時の時価評価・欠損金の取扱い等

連結納税制度

　連結納税制度においては、連結納税制度適用開始時・連結グループへの加入時には、単体納税制度の下での課税関係を清算する観点から、原則として、連結子法人となる法人においてはその資産の時価評価課税を行うとともに連結開始・加入前の欠損金を切り捨てることとされており、時価評価課税の有無の判定の要件と欠損金の切捨ての有無の判定の要件（適格組織再編による100％化、開始時における完全支配関係5年超、新規設立等）とは同じです（法法61の11①、61の12①）。

　なお、連結親法人となる法人の連結開始前の欠損金は、連結事業年度において生じた連結欠損金額とみなされます（法法81の9②）。

グループ通算制度

■1■ グループ通算制度の開始時

(1)　グループ通算制度の適用開始における資産の時価評価

　グループ通算制度の適用開始にあたっては、組織再編税制との整合性の観点から、一定の要件を満たさない法人（「時価評価法人」といいます（法法64の9⑩一））には、通算開始直前事業年度の終了の時に有する時価評価資産について時価評価を行い、その通算開始直前事業年度の所得の金額の計算上、益金の額・損金の額に算入します。

　通算開始直前事業年度とは、最初通算事業年度（通算承認（法法64の9①）効力が生ずる日以後最初に終了する事業年度をいいます）の開始の日の前日が属する事業年度をいいます。なお、時価評価法人である場合は、最初

通算事業年度の翌事業年度からの通算開始となることから、最初通算事業年度終了の日の属する事業年度において時価評価を行うこととなります。

時価評価資産とは、固定資産、棚卸資産たる土地（土地の上に存する権利を含みます）、有価証券、金銭債権及び繰延資産をいいます。ただし、その資産の時価と帳簿価額との差額が通算法人となる内国法人の資本金等の額の2分の1に相当する金額又は1,000万円のいずれか少ない金額に満たないものなど一定の資産は除かれます（法令131の15①）。

適用開始時における時価評価課税の対象外となる法人は、次の法人とされています（法法64の11①、法令131の15③・④）。

① いずれかの子法人との間に完全支配関係の継続が見込まれる親法人

② 親法人との間に完全支配関係の継続が見込まれる子法人

(2) 時価評価法人のグループ通算制度の適用開始前の欠損金の切捨て

時価評価除外法人以外の法人（時価評価法人）のグループ通算制度の適用開始前において生じた欠損金額は、原則として、切り捨てられます（法法57⑥）。

(3) 時価評価除外法人のグループ通算制度の適用開始前の欠損金額及び含み損等に係る制限

グループ通算制度においては、組織再編税制との整合性の観点からの適用開始時の時価評価の要件の設定が行われていることから、時価評価の対象とならなかった法人（「時価評価除外法人」といいます（法法57⑥））においても、欠損金が切り捨てられたり、含み損の制限がかかったりする局面が現れることに注意が必要です。

組織再編税制（合併）においては、資産の時価評価課税と欠損金の引継ぎとは要件が異なる場合があります。共同事業を営むための組織再編においては、両者の要件は同じですが、特定支配関係（50％超）の下での組織再編においては、適格再編（時価評価課税なし）であっても、支配関係成立後5年内の組織再編については、みなし共同事業要件を満たさなけれ

ば、支配関係成立前の資産（特定資産）の含み損益の損金・益金算入が制限されるとともに、支配関係成立前の未処理欠損金の引継ぎが制限されます。

こうした制度を踏まえ、時価評価除外法人の適用開始前の欠損金及び資産の含み損等について、支配関係発生から5年経過日と適用開始から3年経過日のいずれか早い日まで、次の2つ（①②）の併存した制限が設けられています。

①　支配関係発生後に新たな事業を開始した場合

（ⅰ）支配関係発生前に生じた欠損金及び（ⅱ）支配関係前から有する一定の資産の適用開始前の実現損（（ⅲ）の「特定資産譲渡等損失額」に相当する金額です）から成る欠損金額を切り捨てるとともに、（ⅲ）支配関係前から有する一定の資産の適用開始後の実現損に係る金額（「特定資産譲渡等損失額」といいます）を損金不算入とします（法法57⑧、64の14①）。

特定資産譲渡等損失額とは、通算法人が有する資産で支配関係発生日の属する事業年度開始の日前から有していたもの（「特定資産」といいます）の譲渡、評価換え、貸倒れ、除却その他の事由による損失の額の合計額から特定資産の譲渡、評価換えその他の事由による利益の額の合計額を控除した金額です（法法64の14②、法令131の19④）。

なお、次の資産については、特定資産から除外されています（法令131の19③）。

　イ　棚卸資産（土地、土地の上に存する権利を除く）

　ロ　短期売買商品、売買目的有価証券

　ハ　帳簿価額又は取得価額が1,000万円に満たない資産

　ニ　支配関係となった日における価額（時価）が法人税法上の帳簿価額以上である資産

　ホ　非適格合併により移転を受けた資産で譲渡損益調整資産以外のも

の

② 構造的損失発生事業の場合

原価の額及び販売費、一般管理費その他の費用の額の合計額のうちに占める損金算入される減価償却費の額の割合が30％を超える事業年度（法令131の8⑥）に通算グループ内で生じた欠損金額については、損益通算の対象外とした上で、特定欠損金額（その法人の所得の金額を限度として控除ができる欠損金額をいいます）とします（法法64の6③、64の7②三）。

なお、この2つのハードルをクリアした場合であっても、通算グループ内で生じた欠損金額のうち、支配関係発生前から有する一定の資産の実現損（「特定資産譲渡等損失額」といいます）から成る欠損金額については、損益通算の対象外とした上で、特定欠損金額とします（法法64の6①、64の7②三）。

特定資産譲渡等損失額とは、通算法人が有する資産で支配関係発生日の属する事業年度開始の日前から有していたもの（「特定資産」といいます）の譲渡、評価換え、貸倒れ、除却その他の事由による損失の額の合計額から特定資産の譲渡、評価換えその他の事由による利益の額の合計額を控除した金額です（法法64の6②、法令131の8④）。

なお、次の資産については、特定資産から除外されています（法令131の8③）。

① 棚卸資産（土地、土地の上に存する権利を除く）

② 短期売買商品、売買目的有価証券

③ 帳簿価額又は取得価額が1,000万円に満たない資産

④ 支配関係となった日における価額（時価）が法人税法上の帳簿価額以上である資産

⑤ 非適格合併により移転を受けた資産で譲渡損益調整資産以外のもの

ただし、これらの適用開始前の欠損金及び資産の含み損等の制限措置については、次の要件を満たす法人は対象外となります。

（ⅰ）親法人との間（親法人にあっては、いずれかの子法人との間）に支配関係が5年超ある法人

（ⅱ）開始の直前に親法人との間に支配関係がある法人で次の要件の全てに該当する法人

　　イ　当該法人の主要な事業と通算グループ内のいずれかの法人の事業との事業関連性要件

　　ロ　上記イの各事業の事業規模比5倍以内要件又は当該法人の特定役員継続要件

　　ハ　上記イの主要な事業の事業規模拡大2倍以内要件又は特定役員継続要件

　これらの要件の適用関係をフローチャートにすると次ページのようになります。

時価評価課税の有無及び欠損金の切捨ての有無の判定〈グループ通算開始時〉

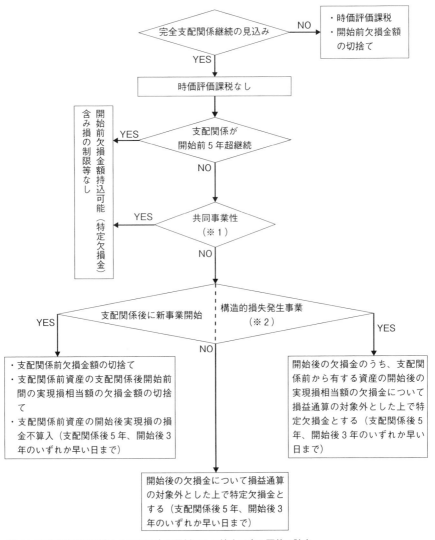

（※1）開始の直前に親法人との間に支配関係のある法人で次の要件に該当
　　　① 事業関連性（いずれかの法人との間）
　　　② 事業規模（5倍）又は特定役員継続
　　　③ 法人の事業規模（支配関係成立後加入までの間2倍）又は当該法人の特定役員継続
（※2）構造的損失発生事業とは、具体的には、次の場合が該当する。
　　　　減価償却費／原価の額及び販売費、一般管理費その他の費用の額の合計額 ＞ 30%

2 グループ通算制度への加入時

(1) 通算グループへの加入時の資産の時価評価

　他の内国法人が通算グループへ加入するにあたっては、組織再編税制との整合性の観点から、一定の要件を満たさない法人（「時価評価法人」といいます（法法64の9⑩一））には、通算加入直前事業年度の終了の時に有する時価評価資産について時価評価を行い、その通算加入直前事業年度の所得の金額の計算上、益金の額・損金の額に算入します。

　通算加入直前事業年度とは、当該他の内国法人について通算承認（法法64の9①）効力が生ずる日の前日の属する事業年度をいいます。

　時価評価資産とは、固定資産、棚卸資産たる土地（土地の上に存する権利を含みます）、有価証券、金銭債権及び繰延資産をいいます。ただし、その資産の時価と帳簿価額との差額が通算法人となる内国法人の資本金等の額の2分の1に相当する金額又は1,000万円のいずれか少ない金額に満たないものなど一定の資産は除かれます（法令131の16①）。

　加入時における時価評価課税の対象外となる法人は、次の法人とされています（法法64の12①、法令131の16④）。

① 　通算グループ内の新設法人

② 　適格株式交換等により加入した株式交換等完全子法人

③ 　適格組織再編と同様の要件として次の要件（通算グループへの加入の直前に支配関係がある場合には（ⅰ）から（ⅲ）までの要件）全てに該当する法人

（ⅰ）通算親法人との間の完全支配関係の継続要件

（ⅱ）当該他の内国法人の従業者継続要件（おおむね80％以上）

（ⅲ）当該他の内国法人の主要事業継続要件

（ⅳ）当該他の内国法人の主要な事業と通算グループ内のいずれかの通算法人の事業との事業関連性要件

（ⅴ）上記（ⅳ）の各事業の事業規模比5倍以内要件又は当該他の内

国法人の特定役員継続要件

したがって、連結納税制度においては必ず時価評価課税の対象となっていた現金買収による100％子会社化であっても、グループ通算制度の下では③の要件をクリアすれば時価評価課税の対象外となります。

(2) 時価評価法人の通算グループへの加入前の欠損金の切捨て

時価評価法人の通算グループへの加入前において生じた欠損金額は、原則として、切り捨てられます（法法57⑥）。

(3) 時価評価除外法人の通算グループへの加入前の欠損金額及び含み損等に係る制限

グループ通算制度においては、組織再編税制との整合性の観点からの通算グループへの加入時の時価評価の要件の設定が行われていることから、時価評価の対象とならなかった法人（「時価評価除外法人」といいます（法法57⑥））においても、欠損金が切り捨てられたり、含み損の制限がかかったりする局面が現れることに注意が必要です。

組織再編税制（合併）においては、資産の時価評価課税と欠損金の引継ぎとは要件が異なる場合があります。

共同事業を営むための組織再編においては、両者の要件は同じですが、特定支配関係（50％超）の下での組織再編においては、適格再編（時価評価課税なし）であっても、支配関係成立後5年内の組織再編については、みなし共同事業要件を満たさなければ、支配関係成立前の資産（特定資産）の含み損益の損金・益金算入が制限されるとともに、支配関係成立前の未処理欠損金の引継ぎが制限されます。

こうした制度を踏まえ、通算グループへの加入時においても、時価評価除外法人の加入前の欠損金及び資産の含み損等について、支配関係発生から5年経過日と通算グループへの加入から3年経過日のいずれか早い日まで、次の2つ（①②）の併存した制限が設けられます。

① 支配関係発生後に新たな事業を開始した場合

（ⅰ）支配関係発生前に生じた欠損金及び（ⅱ）支配関係前から有する一定の資産の適用開始前の実現損（（ⅲ）の「特定資産譲渡等損失額」に相当する金額です）から成る欠損金額を切り捨てるとともに、（ⅲ）支配関係前から有する一定の資産のグループへの加入後の実現損に係る金額（「特定資産譲渡等損失額」といいます）を損金不算入とします（法法57⑧、64の14①）。

特定資産譲渡等損失額とは、通算法人が有する資産で支配関係発生日の属する事業年度開始の日前から有していたもの（「特定資産」といいます）の譲渡、評価換え、貸倒れ、除却その他の事由による損失の額の合計額から特定資産の譲渡、評価換えその他の事由による利益の額の合計額を控除した金額です（法法64の14②、法令131の19④）。

なお、次の資産については、特定資産から除外されています（法令131の19③）。

イ　棚卸資産（土地、土地の上に存する権利を除く）

ロ　短期売買商品、売買目的有価証券

ハ　帳簿価額又は取得価額が1,000万円に満たない資産

ニ　支配関係となった日における価額（時価）が法人税法上の帳簿価額以上である資産

ホ　非適格合併により移転を受けた資産で譲渡損益調整資産以外のもの

② 構造的損失発生事業の場合

原価の額及び販売費、一般管理費その他の費用の額の合計額のうちに占める損金算入される減価償却費の額の割合が30％を超える事業年度（法令131の8⑥）に通算グループ内で生じた欠損金額については、損益通算の対象外とした上で、特定欠損金額（その法人の所得の金額を限度として控除ができる欠損金額をいいます）とします（法法64の6③、64の7②

三）。

なお、この２つのハードルをクリアした場合であっても、通算グループ内で生じた欠損金額のうち、支配関係発生前から有する一定の資産の実現損（「特定資産譲渡等損失額」といいます）から成る欠損金額については、損益通算の対象外とした上で、特定欠損金額とします（法法64の6①、64の7②三）。

特定資産譲渡等損失額とは、通算法人が有する資産で支配関係発生日の属する事業年度開始の日前から有していたもの（「特定資産」といいます）の譲渡、評価換え、貸倒れ、除却その他の事由による損失の額の合計額から特定資産の譲渡、評価換えその他の事由による利益の額の合計額を控除した金額です（法法64の6②、法令131の8④）。

なお、次の資産については、特定資産から除外されています（法令131の8③）。

①　棚卸資産（土地、土地の上に存する権利を除く）

②　短期売買商品、売買目的有価証券

③　帳簿価額又は取得価額が1,000万円に満たない資産

④　支配関係となった日における価額（時価）が法人税法上の帳簿価額以上である資産

⑤　非適格合併により移転を受けた資産で譲渡損益調整資産以外のもの

ただし、これらの通算グループへの加入前の欠損金及び資産の含み損等の制限措置については、次の要件を満たす法人は対象外となります。

（ⅰ）通算親法人との間に支配関係が5年超ある法人

（ⅱ）加入の直前に通算親法人との間に支配関係がない法人で次の要件の全てに該当する法人

　　イ　通算親法人との間の完全支配関係の継続要件

　　ロ　当該法人の従業者継続要件

　　ハ　当該法人の主要事業継続要件

ニ　当該法人の主要な事業と通算グループ内のいずれかの法人の事業との事業関連性要件

ホ　上記ニの各事業の事業規模比5倍以内要件又は当該法人の特定役員継続要件

（iii）加入の直前に通算親法人との間に支配関係がある法人で次の要件の全てに該当する法人

イ　当該法人の主要な事業と通算グループ内のいずれかの法人の事業との事業関連性要件

ロ　上記イの各事業の事業規模比5倍以内要件又は当該法人の特定役員継続要件

ハ　上記イの主要な事業の事業規模拡大2倍以内要件又は特定役員継続要件

（iv）非適格株式交換等により加入した株式交換等完全子法人で共同で事業を行うための適格株式交換等の要件のうち対価要件（対価に金銭等が混じっていないこと）以外の要件に該当するもの

　これらの要件の適用関係をフローチャートにすると次ページのようになります。

時価評価課税の有無及び欠損金の切捨ての有無の判定〈通算グループ加入時〉

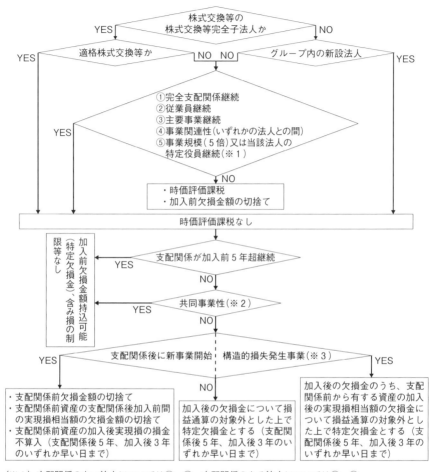

（※1）支配関係のない法人については①～⑤、支配関係のある法人については①～③

（※2）① 親法人との間の完全支配関係継続

② 従業者継続

③ 主要事業継続

④ 事業関連性（いずれかの法人との間）

⑤ 事業規模（いずれかの法人との間5倍）又は特定役員継続

⑥ 加入法人の事業規模（支配関係成立後加入までの間2倍）又は特定役員継続

（加入の直前に支配関係のない法人については①～⑤、支配関係のある法人については④～⑥、非適格株式交換等により加入した株式交換等完全子法人については、共同で事業を行うための適格株式交換等の要件のうち対価要件以外の要件に該当するもの）

（※3）構造的損失発生事業とは、具体的には、次の場合が該当する。

減価償却費／原価の額及び販売費、一般管理費その他の費用の額の合計額 ＞ 30%

[3]　離脱法人における時価評価

連結納税制度

　連結税制制度においては、離脱法人における離脱時の時価評価はありません。

グループ通算制度

　政府税調の連結納税専門家会合報告書では、以下の通り記載されています。

　新制度適用後の企業グループから、含み損のある資産を有する法人が離脱する場合、その企業グループ内に残る法人においては、離脱する法人の株式を売却することによる譲渡損を計上することができ、また、離脱した法人は離脱後にその資産の含み損（譲渡損）を実現させ、自己の所得から控除することができる。

（中略）

　組織再編税制との整合性を図りつつ、損失の2回控除を防ぐため、新制度適用後の企業グループから離脱する法人が、その行う事業について継続の見込みがないなどの場合には、離脱時にその法人の資産を時価評価させることとし、その評価損益を投資簿価修正の対象とするなどの方法により対処することが適当と考えられる。

　ここでは、例えば以下の事例が念頭にあるとみられます。

〔前提〕

　単位は百万円とする

　親法人（P）：子法人（S）の株式を100％保有、その簿価100

子法人（S）：B/Sは以下。資産200のうち簿価100、時価80の土地あり

　　　　　利益積立金額（利積）50は連結納税開始時点から増減な

　　　　　しとする

資産	200	負債	100
		利積	50
		資本金等	50

〔離脱時の投資簿価修正〕

　なし（利積の増減がないため）

〔S株の譲渡〕

・Pの処理

| 資産（現預金） | 80 | S株 | 100 |
| 譲渡損 | 20 | | |

　　　（注）譲渡損20は土地の含み損見合い

〔離脱後の土地の譲渡〕

・Sの処理

| 資産（現預金） | 80 | 土地 | 100 |
| 譲渡損 | 20 | | |

　結果、PとSで「損失の2回控除」が発生。

　このような問題意識を背景に、グループ通算制度では、通算グループか
ら離脱した法人が次に掲げる場合に該当する場合には、それぞれ次の資産
については、直前の事業年度において、時価評価により評価損益の計上を
行うこととなります。

　① 　主要な事業を継続することが見込まれていない場合（離脱の直前に
　　　おける含み益の額が含み損の額以上である場合を除きます）

…固定資産、土地等、有価証券（売買目的有価証券等を除きます）、金銭債権及び繰延資産（法法64の13①一、法令131の17②・③、法規27の16の12）。

　ただし、これらの資産のうち帳簿価額が1,000万円未満のもの及びその含み損益が資本金等の額の2分の1又は1,000万円のいずれか少ない金額未満のものは除きます（法令131の17③）。

　計算例は以下の通りです。

〔前提〕

　単位は百万円とする

　親法人（P）：子法人（S）の株式を100％保有、その簿価100

　子法人（S）：B/Sは以下。資産200のうち簿価100、時価80の土地あり

資産	200	負債	100
		利積	50
		資本金等	50

〔離脱直前の事業年度における時価評価〕

・Sの処理

評価損（利積）	20	資産（土地）	20

　この結果、SのB/Sは以下の通り。

資産	180	負債	100
		利積	30
		資本金等	50

〔離脱時の投資簿価修正〕

　S株の離脱直前の簿価をSの簿価純資産価額（80）に相当する金額とする

・Pの処理

利積	20	S株	20

この結果、Ｓ株の簿価は100から80に減額

〔Ｓ株の譲渡〕
• Ｐの処理

資産（現預金）	80	Ｓ株	80

譲渡損は計上されない

② 帳簿価額が10億円を超える資産の譲渡等による損失を計上することが見込まれ、かつ、その法人の株式の譲渡等による損失が計上されることが見込まれている場合
　　…その資産（法法64の13①二）
　これは、離脱法人が主要な事業を継続すると見込まれている場合も、時価評価を行う場合があるということです。

[4]　離脱法人の再加入

連結納税制度

　連結グループから離脱した法人は、離脱から５年間は連結除外法人となり、再加入が認められません（法法４の２、法令14の６①三〜五）。

グループ通算制度

　連結納税制度と同様に、通算グループから離脱した法人は５年間再加入が認められないことになります（法法64の９①三）。

[5] その他

連結納税制度

　連結納税の開始・加入時に時価評価の対象となる法人が連結開始直前事業年度又は連結加入直前事業年度において次の事由に該当する場合は、それぞれ次の処理を行います。

① 譲渡損益調整資産について譲渡損益を繰り延べている場合（1,000万円未満のものを除きます）

　　…連結開始直前事業年度又は連結加入直前事業年度でその繰り延べている損益を計上（法法61の13④）

② リース取引に係る延払損益で繰り延べているものがある場合（1,000万円未満のものを除きます）

　　…連結開始直前事業年度又は連結加入直前事業年度でその繰り延べている損益を計上（法法63③）

③ 特定資産の買換え等に係る特別勘定の金額を設定している場合（1,000万円未満のものを除きます）

　　…連結開始直前事業年度又は連結加入直前事業年度でその特別勘定の金額を取崩し（措法65の8⑩）

　また、連結法人が譲渡損益調整資産につき譲渡損益を繰り延べた場合において、その連結法人が譲渡損益調整資産に係る譲受法人との間に完全支配関係を有しなくなった場合には、繰り延べた額は全額、戻し入れることになります（法法61の13③）。

　離脱する連結法人がリース取引に係る延払損益を繰り延べている場合、又は特定資産の買換え等に係る特別勘定の金額を設定している場合、離脱時に特段の調整は行われません。

グループ通算制度

　グループ通算制度の適用開始又は通算グループへの加入前の譲渡損益調整資産の譲渡損益及びリース取引に係る延払損益で繰り延べているもの（1,000万円未満のものを除きます）並びに特定資産の買換え等に係る特別勘定の金額（1,000万円未満のものを除きます）については、連結納税制度と同様に、時価評価の適用除外となる法人に該当する場合を除き、その繰り延べている損益の計上及びその特別勘定の金額の取崩しを行うこととなります（法法61の11④、63④、措法65の8⑪）。

　また、通算グループからの離脱前の譲渡損益調整資産の譲渡損益及びリース取引に係る延払損益で繰り延べているもの並びに特定資産の買換え等に係る特別勘定の金額については、次に掲げる場合の区分に応じそれぞれ次の通りとされます。

①　離脱法人が前記104頁①における「通算グループから離脱した法人が主要な事業を継続することが見込まれない場合」に該当する場合
　　…その繰り延べている損益（1,000万円未満のものを除きます）の計上及びその特別勘定の金額（1,000万円未満のものを除きます）の取崩しを行います（法法61の11④、63④、措法65の8⑪）。

②　譲渡損益調整資産の譲渡損で繰り延べている金額が10億円を超えるものの戻入れが見込まれ、かつ、その法人の株式の譲渡等による損失が計上されることが見込まれている場合
　　…その繰り延べている損失の計上を行います（法法61の11④）。

第 **2** 章

各個別制度の取扱い

1 受取配当等の益金不算入制度

連結納税制度

　連結法人が配当等の額を受け取るときは、持株割合の区分に応じ、その配当等に係る以下の額は、その連結法人の各連結事業年度の連結所得の金額の計算上、益金の額に算入しません（現行（※）法法81の4）。

（※）以下、本章「連結納税制度」の項において同じ。

区分	持株割合	益金不算入額
完全子法人株式等	100％	受取配当の全額
関連法人株式等	1／3超 100％未満	受取配当の全額から関連法人株式等に係る負債利子を控除した額
その他の株式等	5％超 1／3以下	受取配当の50％
非支配目的株式等	5％以下	受取配当の20％

　完全子法人株式等の判定については、連結納税か単体納税かにかかわらず、100％グループ内で分散保有している株式を合算して100％となる場合は、完全子法人株式等として判定します（法法2十二の七の六、81の4⑤、法令155の9①）。

　つまり、持株割合が100％の外国法人を経由して100％保有される内国法人の株式も、完全子法人株式等に該当します。

　一方、関連法人株式等や非支配目的株式等の判定においては、連結納税制度の下では、連結グループ全体で判定しますが、単体納税においては、

個社の持分のみで判定します。

　負債利子控除の算式は次の通りです。

　負債利子控除額＝

　　連結グループ全体の負債利子（※１）

　　$\times \dfrac{各連結法人の前期末及び当期末の関連法人株式等の帳簿価額の合計額}{各連結法人の前期末及び当期末の総資産の帳簿価額の合計額（※２）}$

（※１）連結グループ内の法人に支払う負債利子を除く
（※２）連結グループ内の法人に支払う負債利子の元本となる負債の額を除く

　なお、短期保有株式の配当は益金不算入の対象ではありませんが、短期保有株式かどうかは、連結グループ全体で判定されています（法法81の４②）。

> **グループ通算制度**

1 概説

　政府税調の連結納税専門家会合報告書では、グループ調整計算について維持・廃止の両論併記となりましたが、企業において株式を分散保有している現状に鑑み、維持されることになりました。持株割合の判定について、完全子法人株式等のみならず、関連法人株式等や非支配目的株式等についても100％グループ全体で判定することとなります（通算グループ全体での判定ではありません）（法法23④・⑥）。

　なお、その他の株式等は「他の類型のいずれにも該当しない株式等」であり、他の類型が全て100％グループ内法人の保有株式数を合算して判定することから、結果として、その他株式等についても100％グループ内法人の保有株式数を合算して判定したのと同様になります。

　ケースとしては少ないですが、100％グループ内の外国法人を経由して内国法人の株式を保有している場合には、持株割合の区分が繰り上がり、

益金不算入額が増加する場合があります。

　図解すると以下の通りです。

【現行：連結納税制度】

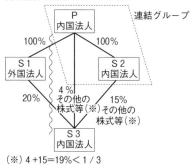

【改正後：グループ通算制度】

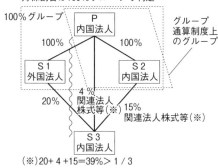

　内国法人Ｓ３の株式について、100％グループ内の外国法人Ｓ１の保有分が加味されることになり、持株割合の区分がその他の株式等から関連法人株式等に繰り上がります。

　関連法人株式等に係る負債利子控除については、関連法人株式等に係る配当等の４％が概算控除されます（法令19①）。ただし、その一律適用によって大幅な税負担増とならないよう、その事業年度において支払う負債利子額の10％が上限となります（法令19②）。

　各通算法人の負債利子額は、グループ全体の負債利子の合計額（他の通算法人に支払った負債利子の額を除きます）を各法人の関連法人株式等に係る配当等の額の合計額の比で按分した金額となります（法令19④）。

　今回の改正により、負債利子控除の計算においてグループ内企業の総資産簿価等の把握は不要となります。

　短期保有株式の判定は各法人で行うこととなり（法法23②）、これまでのグループ全体での判定は廃止されます。事務負担の軽減に一定の効果が見込まれます。

なお、今回の改正では、上記のほか、配当等の額に係る基準日は、配当等を受ける者を定めるための会社法に規定する基準日（株式会社以外の法人がする配当等にあっては基準日に準ずる日とし、基準日又は準ずる日がない配当等にあってはその効力を生ずる日）であることが明確化されました（法法23②）。

2 支払利子控除の計算例

　関連法人株式等に係る支払利子控除の計算手順はおおむね次の通りです。

(1)　関連法人株式等に係る配当等の額から控除する利子の額に相当する金額は、その配当等の額×4％とします（法令19①）。

(2)　支払利子の10％相当額が関連法人株式等に係る配当等の額の4％相当額以下である場合には、関連法人株式等に係る配当等の額から控除する利子の額に相当する金額は、上記(1)にかかわらず、支払利子の10％相当額とします（法令19②）。

　　（注1）支払利子の範囲は現行と同じです。通算親法人と同時に終了する事業年度末において同一グループ内にある他の通算法人に対する支払利子は除外します（法令19④）。

　　（注2）確定申告書、修正申告書又は更正請求書に所定の事項の記載をすることを(2)の適用要件とします（すなわち、選択制ということです）（法令19⑨）。

(3)　通算法人の上記(2)の支払利子の額は、グループ全体の支払利子の合計額を各通算法人の関連法人株式等に係る配当等の額の合計額の比で按分した金額（支払利子配賦額）とします（法令19④）。

　　（注1）支払利子の額には、関連法人株式等に係る配当等の額はあるが受取配当等の益金不算入制度の適用を受けない法人の支払利子の額及び関連法人株式等に係る配当等の額がない法人の支払利子の額を含みます。

　　（注2）按分計算上の関連法人株式等に係る配当等の額は、受取配当等の益金不算入制度の適用を受けるものに限ります。

(4) 上記(3)の支払利子の按分額は、期限内申告額に固定した上、支払利子の額の期限内申告額と正当額との差額は、その差額の原因が生じた法人において調整します（法令19⑤）。

(注) 期限内申告又は修更正において、グループ全体の支払利子の合計額の10％相当額がグループ全体の関連法人配当等の額の合計額の4％相当額を超える場合には、固定しません（法令19⑦一・二）。

〔設例1〕 期限内申告時点で「関連法人株式配当等の額の合計の4％＞支払利子合計額の合計の10％」

〈当初申告時（期限内申告時）〉

通算法人P、S1、S2から成る通算グループがあったとします。

設例1は期限内申告時点における関連法人株式配当等の額の合計の4％（120）＞支払利子合計額の合計の10％（100）となる事例を取り上げます。

なお、通算グループ内の支払利子はないものとします。P、S1、S2ともに受取配当の益金不算入制度の適用を受けるものとし、事業年度中の配当はP、S1、S2ともに1回だったとします。

	P	S1	S2	合計
関連法人株式等配当額（A）	1,500	1,000	500	3,000
				上記の4％＝120
関連法人株式等配当額の4％（B）	60	40	20	120
支払利子合計額（C）	700	200	100	1,000
				上記の10％＝100
支払利子配賦額（D）	500	333	167	1,000
【α】DがCを超える部分の金額		133	67	
【β】DがCに満たない部分の金額	200			

通算法人における支払利子等の額の合計額＝C＋【α】又はC－【β】（すなわちD）	500	333	167	
上記の10%（E）	50	33	17	
支払利子控除額 （BとEの小さいほう）（F）	50	33	17	100
益金不算入額（A－F）	1,450	967	483	2,900

　例えばPでは、関連法人株式等配当額の4％（60）と支払利子の10％相当額の低いほうを負債利子控除額とするわけですが、ここでいう支払利子は700ではなく支払利子配賦額となります。

　支払利子配賦額はグループ全体の支払利子の合計額を各通算法人の関連法人株式等に係る配当等の額の合計額の比で按分した金額であるため、ここでは500となります（1,000×1,500／3,000＝500）。

　この結果、Pの支払利子の10％相当額は50となり、関連法人株式配当等の4％（60）よりも小さいため、Pの選択により50を負債利子控除額とします。

■ Case ❶－1：修更正（配当額増加の場合）

　修更正によりP社の配当額が増加したとします（1,500→2,000）。ただし、この結果、関連法人株式等配当の額の合計の4％（140）＞支払利子合計額の合計の10％（100）という構図に変化は生じません。このため、支払利子の按分額は期限内申告額に固定した上、支払利子の額の期限内申告額と正当額との差額は、その差額の原因が生じた法人（P社）において調整します。

	P	S1	S2	合計
関連法人株式等配当額（A）	2,000	1,000	500	3,500

				上記の 4 %＝140
関連法人株式等配当額の 4 %（B）	60（固定）	40（固定）	20（固定）	120
支払利子合計額（C）	700	200	100	1,000
				上記の10%＝100
支払利子配賦額（D）【当初申告】	500	333	167	1,000
支払利子配賦額（D'）【正当額】	571	286	143	1,000
DとD' の差額	71	▲47	▲24	
【α】DがCを超える部分の金額		133（固定）	67（固定）	
【β】DがCに満たない部分の金額	200（固定）			
通算法人における支払利子等の額の合計額＝C＋【α】又はC－【β】	500	333	167	
上記の10%（E）	50	33	17	
支払利子控除額（BとEの小さいほう）（F）	50	33	17	100
益金不算入額（A－F）	1,950	967	483	3,400

　この事例では、支払利子配賦額について当初申告と正当額の間で差額が生じており（Pは71、S 1は▲47、S 2は▲24）、差額の起因となった法人（P）で調整することになります。

　しかし、差額合計はこの場合、ゼロとなりますので、実際の調整は行われません。Case ❶－ 1 では支払利子額が変動しておらず、配当のみの変動であり、グループ全体の支払利子の各通算法人への配賦額が変更になるに過ぎないからです。

　なお、制度上は表の通りの計算過程を辿ります。B及び【α】及び【β】

を当初申告の数値に固定することで、負債利子控除額に変動がない結果となります。

■ Case ❶－2：修更正（配当額減少の場合）

修更正によりP社の配当額が減少したとします（1,500→1,200）。ただし、関連法人株式等の配当額の合計の4％（108）＞支払利子合計額の合計の10％（100）という構図に変化はありません。このため、支払利子の按分額は期限内申告額に固定した上、支払利子の額の期限内申告額と正当額との差額は、その差額が生じた法人において調整します。

	P	S 1	S 2	合計
関連法人株式等配当額（A）	1,200	1,000	500	2,700
				上記の4％＝108
関連法人株式等配当額の4％（B）	60 （固定）	40 （固定）	20 （固定）	120
支払利子合計額（C）	700	200	100	1,000
				上記の10％＝100
支払利子配賦額（D）【当初申告】	500	333	167	1,000
支払利子配賦額（D'）【正当額】	444	370	185	1,000
DとD'の差額	▲56	37	18	
【α】DがCを超える部分の金額		133 （固定）	67 （固定）	
【β】DがCに満たない部分の金額	200 （固定）			
通算法人における支払利子等の額の合計額＝C＋【α】又はC－【β】	500	333	167	
上記の10％（E）	50	33	17	

支払利子控除額 （BとEの小さいほう）（F）	50	33	17	100
益金不算入額（A－F）	1,150	967	483	2,600

　この事例では、支払利子配賦額について当初申告と正当額の間で差額が生じており（Pは▲56、S 1 は37、S 2 は18）、差額の起因となった法人（P）で調整することになります。しかし、差額の合計はこの場合、ゼロとなりますので、実際の調整は行われません。理由は Case ❶－1と同様です。

　制度上は上記図表の通りの計算過程を辿ります。B及び【α】及び【β】を当初申告の数値に固定することで、負債利子控除額に変動がない結果となります。

■ Case ❶－3 ：修更正（配当額減少の場合）

　修更正によりP社の配当額が減少したとします（1,500→800）。この結果、関連法人株式等の配当額の合計の4％（92）＜支払利子合計の合計の10％（100）となり、大小が逆転します。このため、支払利子の按分額は期限内申告額に固定されず、各通算法人において再計算を行います（法令19⑦二）。

	P	S 1	S 2	合計
関連法人株式等配当額（A）	800	1,000	500	2,300
				上記の4％＝92
関連法人株式等配当額の4％ （B）	32	40	20	92
支払利子合計額（C）	700	200	100	1,000
				上記の10％＝100

支払利子配賦額（D'）【正当額】	348	435	217	1,000
【α】D'がCを超える部分の金額		235	117	
【β】D'がCに満たない部分の金額	352			
通算法人における支払利子等の額の合計額＝C＋【α】又はC－【β】	348	435	217	
上記の10%（E）	35	44	22	
支払利子控除額（BとEの小さいほう）（F）	32	40	20	92
益金不算入額（A－F）	768	960	480	2,208

■ Case ❶－4：修更正（支払利子増加の場合）

修更正によりP社の支払利子が増加したとします（700→1,000）。この結果、関連法人株式等の配当額の合計の4％（120）＜支払利子合計の合計の10％（130）となり、大小が逆転します。このため、支払利子の按分額は期限内申告額に固定されず、各通算法人において再計算を行います（法令19⑦二）。

	P	S 1	S 2	合計
関連法人株式等配当額（A）	1,500	1,000	500	3,000
				上記の4％＝120
関連法人株式等配当額の4％（B）	60	40	20	120
支払利子合計額（C）	1,000	200	100	1,300
				上記の10％＝130
支払利子配賦額（D'）【正当額】	650	433	217	1,300

【α】D' がCを超える部分の金額		233	117	
【β】D' がCに満たない部分の金額	350			
通算法人における支払利子等の額の合計額＝C＋【α】又はC－【β】	650	433	217	
上記の10％（E）	65	43	22	
支払利子控除額 （BとEの小さいほう）（F）	60	40	20	120
益金不算入額（A－F）	1,440	960	480	2,880

■ Case ❶－5：修更正（支払利子増加の場合）

修更正によりP社の支払利子が増加したとします（700→800）。ただし、関連法人株式等の配当額の合計の4％（120）＞支払利子合計の合計の10％（110）の構図に変化はありません。このため、支払利子の按分額は期限内申告額に固定した上、支払利子の額の期限内申告額と正当額との差額は、その差額が生じた法人において調整します。

	P	S 1	S 2	合計
関連法人株式等配当額（A）	1,500	1,000	500	3,000
				上記の4％＝120
関連法人株式等配当額の4％（B）	60 （固定）	40 （固定）	20 （固定）	120
支払利子合計額（C）【当初申告】	700	200	100	1,000
				上記の10％＝100
支払利子合計額（C'）【正当額】	800	200	100	1,100
				上記の10％＝110

支払利子配賦額（D）【当初申告】	500	333	167	1,000
支払利子配賦額（D'）【正当額】	550	367	183	1,100
DとD'の差額	50	34	16	100
【α】DがCを超える部分の金額		133 （固定）	67 （固定）	
【β】DがCに満たない部分の金額	200 （固定）			
通算法人における支払利子等の額の合計額＝C'＋【α】又はC'－【β】	600	333	167	
上記の10%（E）	60	33	17	
支払利子控除額 （BとEの小さいほう）（F）	60	33	17	110
益金不算入額（A－F）	1,440	967	483	2,890

　この事例では、支払利子配賦額については当初申告と正当額の間で差額が生じており（Pは50、S1は34、S2は16）、差額の起因となった法人（P）で調整することになります。

　当初申告では、Pの支払利子は500であったところ、差額の合計100を加算した600が、修正正後のPの支払利子とみなされます。

　要すれば、S1とS2の計算結果には影響を与えず、Pにおける支払利子の増加分をそのままPの支払利子配賦額にチャージしているということです。

　制度上は上記図表の通りの計算過程を辿ります。B及び【α】及び【β】を当初申告の数値に固定した上で再計算を行います。

■ Case❶－6：修更正（支払利子減少の場合）

　修更正によりP社の支払利子が減少したとします（700→500）。ただし、

関連法人株式等の配当額の合計の4％（120）＞支払利子合計の合計の10％（80）の構図に変化はありません。このため、支払利子の按分額は期限内申告額に固定した上、支払利子の額の期限内申告額と正当額との差額は、その差額が生じた法人において調整します。

	P	S1	S2	合計
関連法人株式等配当額（A）	1,500	1,000	500	3,000
				上記の4％＝120
関連法人株式等配当額の4％（B）	60（固定）	40（固定）	20（固定）	120
支払利子合計額（C）【当初申告】	700	200	100	1,000
				上記の10％＝100
支払利子合計額（C'）【正当額】	500	200	100	800
				上記の10％＝80
支払利子配賦額（D）【当初申告】	500	333	167	1,000
支払利子配賦額（D'）【正当額】	400	267	133	800
DとD'の差額	▲100	▲66	▲34	▲200
【α】DがCを超える部分の金額		133（固定）	67（固定）	
【β】DがCに満たない部分の金額	200（固定）			
通算法人における支払利子等の額の合計額＝C'＋【α】又はC'−【β】	300	333	167	
上記の10％（E）	30	33	17	
支払利子控除額（BとEの小さいほう）（F）	30	33	17	80

	P	S 1	S 2	合計
益金不算入額（A－F）	1,470	967	483	2,920

　この事例では、支払利子配賦額については当初申告と正当額の間で差額が生じており（Pは▲100、S 1は▲66、S 2は▲34）、差額の起因となった法人（P）で調整することになります。

　当初申告では、Pの支払利子は500であったところ、差額の合計▲200を加算した300が、修更正後のPの支払利子とみなされます。

　要すれば、S 1とS 2の計算結果には影響を与えず、Pにおける支払利子の減少分をそのままPにチャージしているということです。

　制度上は上記図表の通りの計算過程を辿ります。B及び【α】及び【β】を当初申告の数値に固定した上で再計算を行います。

〔設例 2〕 期限内申告時点で「関連法人株式配当等の額の合計の 4 ％＜支払利子合計額の合計の10％」

〈当初申告時（期限内申告時）〉

　通算法人P、S 1、S 2から成る通算グループがあったとします。

　設例 2 は、期限内申告時点における関連法人株式配当等の額の合計の4 ％（120）＜支払利子合計額の合計の10％（130）となる事例です。通算グループ内の支払利子はないものとします。P、S 1、S 2ともに受取配当の益金不算入制度の適用を受けるものとし、事業年度中の配当はP、S 1、S 2ともに 1 回だったとします。

	P	S 1	S 2	合計
関連法人株式等配当額（A）	1,500	1,000	500	3,000
				上記の 4 ％＝120
関連法人株式等配当額の 4 ％（B）	60	40	20	120

	P	S1	S2	合計
支払利子合計額（C）	1,000	200	100	1,300
				上記の10%＝130
支払利子配賦額（D）	650	433	217	1,300
【α】DがCを超える部分の金額		233	117	
【β】DがCに満たない部分の金額	350			
通算法人における支払利子等の額の合計額＝C＋【α】又はC－【β】（すなわちD）	650	433	217	
上記の10%（E）	65	43	22	
支払利子控除額（BとEの小さいほう）（F）	60	40	20	120
益金不算入額（A－F）	1,440	960	480	2,880

　設例2は、期限内申告の時点で関連法人株式配当等の額の合計の4％＜支払利子合計額の合計の10％となるため、個別の通算法人で修更正が行われた場合、遮断されず、全て、再計算が必要となります（法令19⑦一）。

■ Case ❷－1：修更正（配当増加の場合）

　修更正の結果、Pの配当が増加したとします（1,500→2,000）。支払利子の按分額は期限内申告額に固定されず、各通算法人において再計算を行います。

　なお、この修更正の結果、関連法人株式配当等の額の合計の4％（140）＞支払利子合計額の合計の10％（130）となり、逆転が生じます。

	P	S1	S2	合計
関連法人株式等配当額（A）	2,000	1,000	500	3,500
				上記の4％＝140

関連法人株式等配当額の 4 %（B）	80	40	20	140
支払利子合計額（C）	1,000	200	100	1,300
				上記の10％＝130
支払利子配賦額（D'）【正当額】	743	371	186	1,300
【α】D'がCを超える部分の金額		171	86	
【β】D'がCに満たない部分の金額	257			
通算法人における支払利子等の額の合計額＝C＋【α】又はC－【β】	743	371	186	
上記の10％（E）	74	37	19	
支払利子控除額（BとEの小さいほう）（F）	74	37	19	130
益金不算入額（A－F）	1,926	963	481	3,370

■ Case ❷－2：修更正（配当増加の場合）

修更正の結果、Pの配当が増加したとします（1,500→1,650）。支払利子の按分額は期限内申告額に固定されず、各通算法人において再計算を行います。

なお、修更正の結果、関連法人株式配当等の額の合計の 4 %（126）＜支払利子合計額の合計の10％（130）となり、大小関係に変更はありません。

	P	S 1	S 2	合計
関連法人株式等配当額（A）	1,650	1,000	500	3,150
				上記の 4 ％＝126

関連法人株式等配当額の4％（B）	66	40	20	126
支払利子合計額（C）	1,000	200	100	1,300
				上記の10％＝130
支払利子配賦額（D'）【正当額】	681	413	206	1,300
【α】D'がCを超える部分の金額		213	106	
【β】D'がCに満たない部分の金額	319			
通算法人における支払利子等の額の合計額＝C＋【α】又はC－【β】	681	413	206	
上記の10％（E）	68	41	21	
支払利子控除額（BとEの小さいほう）（F）	66	40	20	126
益金不算入額（A－F）	1,584	960	480	3,024

　この結果、当初申告の数値と比べ、Ｓ１とＳ２は変更がありません。結局のところＳ１とＳ２については、修更正後も関連法人株式等配当額の４％を負債利子控除額とするからです。

■ Case ❷－３：修更正（配当減少の場合）

　修更正の結果、Ｐの配当が減少したとします（1,500→1,000）。支払利子の按分額は期限内申告額に固定されず、各通算法人において再計算を行います。

　なお、修更正の結果、関連法人株式配当等の額の合計の４％（100）＜支払利子合計額の合計の10％（130）となり、大小関係に変更はありません。

	P	S 1	S 2	合計
関連法人株式等配当額（A）	1,000	1,000	500	2,500
				上記の4％＝100
関連法人株式等配当額の4％（B）	40	40	20	100
支払利子合計額（C）	1,000	200	100	1,300
				上記の10％＝130
支払利子配賦額（D'）【正当額】	520	520	260	1,300
【α】D'がCを超える部分の金額		320	160	
【β】D'がCに満たない部分の金額	480			
通算法人における支払利子等の額の合計額＝C＋【α】又はC－【β】	520	520	260	
上記の10％（E）	52	52	26	
支払利子控除額（BとEの小さいほう）（F）	40	40	20	100
益金不算入額（A－F）	960	960	480	2,400

　この結果、当初申告の数値と比べ、S1とS2は変更がありません。結局のところS1とS2については、修更正後も関連法人株式等配当額の4％を負債利子控除額とするからです。

■ Case ❷－4：修更正（支払利子増加の場合）

　修更正の結果、Pの支払利子が増加したとします（1,000→1,200）。支払利子の按分額は期限内申告額に固定されず、各通算法人において再計算を行います。

　なお、修更正の結果、関連法人株式配当等の額の合計の4％（120）＜

支払利子合計額の合計の10％（150）となり、大小関係に変更はありません。

	P	S1	S2	合計
関連法人株式等配当額（A）	1,500	1,000	500	3,000
				上記の4％＝120
関連法人株式等配当額の4％（B）	60	40	20	120
支払利子合計額（C）	1,200	200	100	1,500
				上記の10％＝150
支払利子配賦額（D'）【正当額】	750	500	250	1,500
【α】D'がCを超える部分の金額		300	150	
【β】D'がCに満たない部分の金額	450			
通算法人における支払利子等の額の合計額＝C＋【α】又はC－【β】	750	500	250	
上記の10％（E）	75	50	25	
支払利子控除額（BとEの小さいほう）（F）	60	40	20	120
益金不算入額（A－F）	1,440	960	480	2,880

　この結果、当初申告の段階の数値と比べ、S1とS2は変更がありません（Pも変更がありません）。

　結局のところ（P及び）S1とS2については、修更正後も関連法人株式等配当額の4％を負債利子控除額とするからです。

■ Case ❷－5：修更正（支払利子減少の場合）

　修更正の結果、Pの支払利子が減少したとします（1,000→950）。支払利

子の按分額は期限内申告額に固定されず、各通算法人において再計算を行います。

なお、修更正の結果、関連法人株式配当等の額の合計の4％（120）＜支払利子合計額の合計の10％（125）となり、大小関係に変わりはありません。

	P	S1	S2	合計
関連法人株式等配当額（A）	1,500	1,000	500	3,000
				上記の4％＝120
関連法人株式等配当額の4％（B）	60	40	20	120
支払利子合計額（C）	950	200	100	1,250
				上記の10％＝125
支払利子配賦額（D'）【正当額】	625	417	208	1,250
【α】D'がCを超える部分の金額		217	108	
【β】D'がCに満たない部分の金額	325			
通算法人における支払利子等の額の合計額＝C＋【α】又はC－【β】	625	417	208	
上記の10％（E）	63	42	21	
支払利子控除額（BとEの小さいほう）（F）	60	40	20	120
益金不算入額（A－F）	1,440	960	480	2,880

この結果、当初申告の段階の数値と比べ、S1とS2は変更がありません（Pも変更がありません）。

結局のところ（P及び）S1とS2については、修更正後も関連法人株式等配当額の4％を負債利子控除額とするからです。

■ Case ❷－6：修更正（支払利子減少の場合）

修更正の結果、Ｐの支払利子が減少したとします（1,000→800）。支払利子の按分額は期限内申告額に固定されず、各通算法人において再計算を行います。

なお、修更正の結果、関連法人株式配当等の額の合計の４％（120）＞支払利子合計額の合計の10％（110）となり、大小関係に逆転が生じます。

	P	S 1	S 2	合計
関連法人株式等配当額（Ａ）	1,500	1,000	500	3,000
				上記の４％＝120
関連法人株式等配当額の４％（Ｂ）	60	40	20	120
支払利子合計額（Ｃ）	800	200	100	1,100
				上記の10％＝110
支払利子配賦額（Ｄ'）【正当額】	550	367	183	1,100
【α】Ｄ'がＣを超える部分の金額		167	83	
【β】Ｄ'がＣに満たない部分の金額	250			
通算法人における支払利子等の額の合計額＝Ｃ＋【α】又はＣ－【β】	550	367	183	
上記の10％（Ｅ）	55	37	18	
支払利子控除額（ＢとＥの小さいほう）（Ｆ）	55	37	18	110
益金不算入額（Ａ－Ｆ）	1,445	963	482	2,890

上記の全12パターンを整理すると、次ページの通りです。関連法人株式配当等の額の合計の４％と支払利子合計額の合計の10％に逆転が生じる場合のみ、Ｓ１とＳ２に影響が生じる結果となっています。

負債利子控除（12パターンの整理）

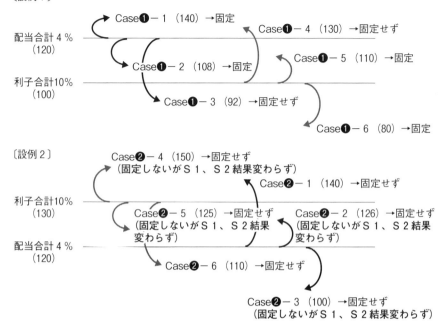

〔設例１〕

配当合計４％
（120）

利子合計10％
（100）

Case❶－１（140）→固定
Case❶－４（130）→固定せず
Case❶－２（108）→固定
Case❶－５（110）→固定
Case❶－３（92）→固定せず
Case❶－６（80）→固定

〔設例２〕

利子合計10％
（130）

配当合計４％
（120）

Case❷－４（150）→固定せず
（固定しないがＳ１、Ｓ２結果変わらず）
Case❷－１（140）→固定せず
Case❷－５（125）→固定せず
（固定しないがＳ１、Ｓ２結果
変わらず）
Case❷－２（126）→固定せず
（固定しないがＳ１、Ｓ２結果
変わらず）
Case❷－６（110）→固定せず
Case❷－３（100）→固定せず
（固定しないがＳ１、Ｓ２結果変わらず）

単体納税制度

　グループ通算制度を選択しない場合でも、関連法人株式等及び非支配目的株式等に係る持株割合の判定について、100％グループ全体で判定する取扱いが適用されます（法法23④・⑥）。その他の株式等についても同様です。これにより、単体納税制度においても、100％グループ内で株式を分散保有している場合には、持株割合の判定区分が繰り上がり、益金不算入額が増加する場合が想定されます。

　図解すると以下の通りです。

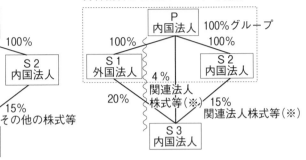

【現行：単体納税制度】

持株割合は合算せず

P
内国法人

100%　　100%

S 1
外国法人

S 2
内国法人

4 %
非支配目
的株式等

20%

15%
その他の株式等

S 3
内国法人

【改正後：単体納税制度】

持株割合は100%グループで判定

P
内国法人　100%グループ

100%　　100%

S 1
外国法人

S 2
内国法人

4 %
関連法人
株式等（※）

20%

15%
関連法人株式等（※）

S 3
内国法人

（※）20+ 4 +15＝39%＞1 / 3

　内国法人 S 3 の株式について、内国法人 P、外国法人 S 1、内国法人 S 2 の全ての保有株式が合算されることにより、持株割合の区分が関連法人株式等まで繰り上がります。

　負債利子控除についても同様に、グループ通算制度を選択しない場合でも、関連法人株式等に係る負債利子控除について、従来の制度（利子×前期末及び当期末の関連法人株式等の帳簿価額の合計額／前期末及び当期末の総資産の帳簿価額の合計額）が廃止され、関連法人株式等に係る配当等の 4 %の概算控除が適用されます（法令19①）。その事業年度において支払う負債利子額の10%が上限となる取扱いも同様です（法令19②）。

　改正前後の比較は以下の通りです。

連結納税制度	グループ通算制度	単体納税制度
○連結グループ全体計算（持株割合） ○負債利子控除（連結グループ全体の負債利子×連結グループ全体の関連法人株式等簿価／連結グループ全体の総資産簿価）	○100%グループ全体計算（持株割合） ○負債利子控除（関連法人株配当の 4 %。ただし利子の10%が上限）	○100%グループ全体計算（持株割合） ○負債利子控除（関連法人株配当の 4 %。ただし利子の10%が上限）

2　外国子会社配当等の益金不算入制度

連結納税制度

　内国法人が外国子会社（原則として内国法人の持株割合が25％以上で保有期間が6月以上の外国法人）から受ける剰余金の配当等の額のうち、その配当等の5％相当額を控除した金額は、益金に算入されません（法法23の2①）。

　この単体納税の規定は、連結納税においても適用されます（法法81の3）。連結納税においては、持株割合は、各連結法人の持ち分を合算して判定を行います（法令22の4①一）。

グループ通算制度

　政府税調の連結納税専門家会合報告書では、上記のグループ調整計算について、維持・廃止の両論併記となりましたが、企業が外国法人の株式を連結グループ内で分散保有している現状等に鑑み、あまり争点となることなく、維持されることになりました。

　持株割合は、通算グループ内の各通算法人の持ち分を合算して判定します（法令22の4①一）。国内配当のように100％グループでの判定に変更になるわけではありません。課税済利益に対する二重課税の防止という意味では国内配当も外国子会社配当も趣旨は同じですが、外国子会社配当については国家間の課税権の配分という側面もあることから、国内配当とは若

干異なる取扱いとなりました。

　なお、単体納税制度においては、従来の取扱いに変更はありません。外国法人の持株割合は法人ごとに判定します。

　改正前後の比較は以下の通りです。

連結納税制度	グループ通算制度
○連結グループ全体計算（持株割合）	○通算グループ全体計算（持株割合）

3 寄附金の損金不算入制度

連結納税制度

　連結法人が各連結事業年度において支出した寄附金の額の合計額のうち、損金算入限度額を超える部分の金額は、当該連結法人の各連結事業年度の連結所得の金額上、損金の額に算入しません。

　一般寄附金及び特定公益増進法人等への寄附金の損金算入限度額は、連結親法人の資本金等の額と連結所得を基に計算します（法法81の6①・④、法令155の13、155の13の2）。

〔一般寄附金〕

$$（連結親法人の資本金等の額 \times \frac{2.5}{1000} + 連結所得 \times \frac{2.5}{100}）\times \frac{1}{4}$$

〔特定公益増進法人等への寄附金〕

$$（連結親法人の資本金等の額 \times \frac{3.75}{1000} + 連結所得 + \frac{6.25}{100}）\times \frac{1}{2}$$

　（注）資本金等の額がマイナスの場合はゼロとして計算

グループ通算制度

　政府税調の連結納税専門家会合報告書では、寄附金についてグループ調整計算を廃止する方向性が示される一方、「純粋持ち株会社等において、企業グループを代表して寄附金を支出している場合があることを考慮する

と何らかの配慮をすることも考えられる」とされました。

　改正後、グループ調整計算は廃止となり、各通算法人で損金算入限度額を計算することとなります。その上で、損金算入限度額の算定基礎である資本金等の額が、資本金と資本準備金の合計額とされました。自己株取得等により、資本金等の額が極めて少額である法人やマイナスである法人が存在し、法人規模を適切に反映した計算式になっていないとの指摘があったことを踏まえたものであり、上記「何らかの配慮」に対応するものです。

　損金算入限度額の計算式は以下の通りです。

〔一般寄附金〕（法令73①一イ）

$$\left\{(資本金+資本準備金)\times\frac{2.5}{1000}+所得\times\frac{2.5}{100}\right\}\times\frac{1}{4}$$

〔特定公益増進法人等への寄附金〕（法令77の2①一イ）

$$\left\{(資本金+資本準備金)\times\frac{3.75}{1000}+所得\times\frac{6.25}{100}\right\}\times\frac{1}{2}$$

単体納税制度

　グループ通算制度の改正に伴い、単体納税制度においても、損金算入限度額の算定基礎である資本金等の額が資本金の額＋資本準備金の額となります（法令73①一イ、77の2①一イ）。

　改正前後の比較は以下の通りです。

連結納税制度	グループ通算制度	単体納税制度
○連結グループ全体計算（損金算入限度額） ○資本金等（損金算入限度額の算定基礎）	○各通算法人で計算（損金算入限度額） ○資本金＋資本準備金（損金算入限度額の算定基礎）	○各法人で計算（損金算入限度額） ○資本金＋資本準備金（損金算入限度額の算定基礎）

4 ▶ 貸倒引当金

　連結法人が各連結事業年度において、その連結法人が有する個別評価金銭債権又は一括評価金銭債権の貸倒れ等による損失の見込額として損金経理により貸倒引当金勘定に繰り入れた金額のうち、個別貸倒引当金繰入限度額又は一括貸倒引当金繰入限度額に達するまでの金額は、その連結法人のその連結事業年度の連結所得の金額の計算において損金の額に算入されます（法法81の3①、52①・②）。

　ただし、この規定を適用できるのは、次の場合に限ります。

①　その連結事業年度終了の時にその連結法人（その連結法人が連結子法人である場合には、その連結法人及び連結親法人）が普通法人で、資本金の額が1億円以下（資本金の額が5億円以上である法人による完全支配関係があるものなどを除きます）又は資本を有しないものなど一定の法人に該当する場合（法法52①一）

②　その連結法人が銀行法に規定する銀行や保険業法に規定する保険会社などに該当する場合（法法52①二）

③　その連結法人が売買とされる一定のリース取引に係る金銭債権を有する法人など一定の法人に該当する場合（法法52①三）

　これらの貸倒引当金繰入限度額を計算する場合には、連結法人が連結グループ内の他の連結法人に対して有する金銭債権は、これらの個別評価金銭債権及び一括評価金銭債権には含まれないこととされています（法法52

⑨ニ）。

グループ通算制度

　グループ通算制度の下では、上記①の中小法人の判定については、通算グループ内のいずれかの法人が中小法人に該当しない場合には、通算グループ内の全ての法人が中小法人に該当しないこととなります（法法52①一イ）。

　また、貸倒引当金繰入限度額を計算する場合には、法人が100％グループ内の他の法人に対して有する金銭債権は、個別評価金銭債権及び一括評価金銭債権には含まれないこととされます（法法52⑨ニ）。

　連結グループから100％グループへと判定対象が変更となるのは、受取配当益金不算入制度と同様です。

単体納税制度

　単体納税制度についても、100％グループ内の法人間の金銭債権を貸倒引当金の設定対象となる金銭債権から除外することになります（法法52⑨ニ）。

　改正前後の比較は以下の通りです。

連結納税制度	グループ通算制度	単体納税制度
○連結グループ全体計算（連結グループ内債権除外）	○100％グループ全体計算（100％グループ内債権除外）	○100％グループ全体計算（100％グループ内債権除外）

■ Case ❶（P は金融業又は中小企業とする（Case ❶及び❷共通））

【現行：単体納税制度】

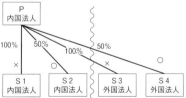

〈P から S 1～S 4 への貸付金〉
○ 貸倒引当金の繰入限度額の計算に含めることが可能なもの
× 不可能なもの

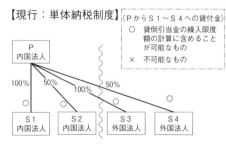

【改正後：単体納税制度】
100％グループ内の法人間の金銭債権は、外国法人に対するものも含め、全て除外

【現行：連結納税制度】
連結グループ内の金銭債権は除外

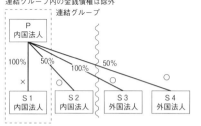

【改正後：グループ通算制度】
改正後の単体納税と同じ

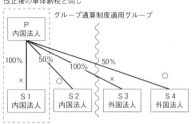

■ Case ❷

【現行：単体納税制度】

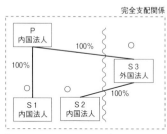

【改正後：単体納税制度】
100％グループ内の法人間の金銭債権は、外国法人に対するものも含め、全て除外

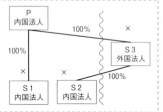

【現行：連結納税制度】
連結グループ内の金銭債権は除外

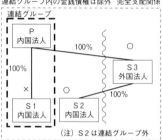

（注）S 2 は連結グループ外

【改正後：グループ通算制度】
改正後の単体納税と同じ

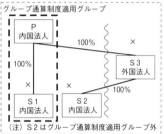

（注）S 2 はグループ通算制度適用グループ外

5 ▶ 特定株主等によって支配された欠損等法人

連結納税制度

　連結親法人で他の者との間にその他の者による特定支配関係を有することとなったもの及びその連結親法人との間に連結完全支配関係のある連結子法人のうちその特定支配関係を有することとなった日（支配日）の属する連結事業年度（特定支配連結事業年度）においてその特定支配連結事業年度前の各連結事業年度において生じた連結欠損金額又は評価損資産を有するもの（欠損等連結法人）が、支配日以後、一定の事由が生じた場合には、その生じた日の属する連結事業年度（適用連結事業年度）以後の連結事業年度においては、その適用連結事業年度前の各連結事業年度において生じた連結欠損金額はないものとされます（法法81の10）。

　一定の事由としては、例えば以下のものがあります（法令155の22）。

① 　欠損等連結法人の全てが特定支配日の直前において事業を営んでいない場合において、欠損等連結法人のいずれかが、その特定支配日以後に事業を開始すること

② 　欠損等連結法人の全てが特定支配日の直前において営む事業（旧事業）の全部を特定支配日以後に廃止し、又は廃止することが見込まれる場合において、当該欠損等連結法人のいずれかが当該欠損等連結法人の旧事業の全ての事業規模のおおむね５倍を超える資金の借入れ又は出資による金銭その他の資産の受入れ（資金借入れ等）を行うこと

　また、単体納税における特定株主等によって支配された欠損等法人の資

産の譲渡等損失額の規定（特定株主等によって支配された欠損等法人の適用期間において生ずる譲渡等損失額は、当該欠損等法人の各事業年度の所得の金額の計算上、損金の額に算入しない）は、一定の調整を行った上で、各連結法人の個別損金額の計算上、準用されます（法法81の3①、法令155の3）。

グループ通算制度

　特定株主等によって支配された欠損等法人の欠損金の繰越しの不適用制度及び資産の譲渡等損失額の損金不算入制度について、欠損等法人に該当するかどうかの判定及びその適用は、各法人で行うこととなります（法法57の2、60の3）。

6 会社更生等による債務免除等があった場合の欠損金の損金算入制度

連結納税制度

　連結法人について更生手続開始の決定があった場合、単体納税における会社更生等による債務免除等があった場合の欠損金の損金算入規定について、債務者である連結法人と連結完全支配関係がある連結法人から債務免除等を受けた金額は債務免除等の額には含まれず、その損金算入の対象となる欠損金額を繰り越された欠損金額の合計額としてこの規定を適用した場合に計算される損金算入額を個別損金額として、その債務免除等があった日の属する連結事業年度の連結所得の金額の計算上、損金の額に算入します（法法81の3、59①、法令116の3）。

　連結法人について再生手続開始の決定等一定の事実があった場合には、単体納税における民事再生等による債務免除等があった場合の欠損金の損金算入規定について、債務者である連結法人と連結完全支配関係がある連結法人から債務免除等を受けた金額は債務免除等の額には含まれず、青色欠損金等控除前の所得の金額についてはこの制度の適用を受ける連結法人の個別所得金額を基に計算した金額と、損金算入の対象となる欠損金額については繰り越された欠損金額の合計額から連結欠損金額のうち損金算入されるその連結法人に帰せられる金額を控除した金額とする等の調整をした上で、この規定を適用した場合に計算される損金算入額を個別損金額として、その債務免除等があった日の属する連結事業年度の連結所得の金額の計算上、損金の額に算入します（法法81の3、59②、法令155の2①）。

連結法人が解散した場合において、残余財産がないと見込まれるとき
は、単体納税における清算中に残余財産がないと見込まれる場合の欠損金
の損金算入規定について、損金算入の対象となる欠損金額については、繰
り越された欠損金額の合計額から連結欠損金額のうち損金算入されるその
連結法人に帰せられる金額を控除した上で、この規定を適用した場合に計
算される損金算入額を個別損金額として、清算中に終了する連結事業年度
の連結所得の金額の計算上、損金の額に算入します（法法81の 3 、59③、
法令155の 2 ②）。

グループ通算制度

　民事再生等一定の事実による債務免除等があった場合に青色欠損金等の
控除前に繰越欠損金を損金算入できる制度について、グループ通算制度の
適用法人の控除限度額は、当該法人の損益通算及び青色欠損金等の繰越控
除前の所得の金額と通算グループ内の各法人の損益通算及び青色欠損金等
の繰越控除前の所得の金額の合計額から欠損金額の合計額を控除した金額
とのうちいずれか少ない金額とされます（法法59⑤）。

　民事再生等一定の事実による債務免除等があった場合に青色欠損金等の
控除後に繰越欠損金を損金算入できる制度及び解散の場合の繰越欠損金の
損金算入制度について、グループ通算制度の適用法人の控除限度額は、当
該法人の損益通算及び青色欠損金等の繰越控除後の所得の金額となりま
す。

　損金算入の対象となる債務免除益等の金額について、債務免除に係る債
権を有する者等から除かれている法人は、親法人、適用対象となる法人及
び債務免除等の相手方である法人の事業年度が同日に終了する場合のその
相手方である通算グループ内の法人とされます（法法59）。

7 ▶ 中小判定

連結納税制度

　中小法人に係る各種措置は、基本的に、連結親法人の資本金の額が1億円以下であるか否かにより適用の可否を判定しています。

1 貸倒引当金

　中小法人（資本金の額が1億円以下）である各連結法人が貸倒引当金を設定し、一定の限度額の範囲内で損金算入が可能です（連結法人が一定の大規模法人の所有に属している場合は除きます）。また、適用除外事業者に該当しない場合、一括評価金銭債権につき法定繰入率による繰り入れが可能です（措法57の9①）。

　連結子法人については、連結親法人も中小法人である場合に限られます（法法52①一）。連結親法人が大法人である場合には、連結子法人はいずれも貸倒引当金を設定できません。連結親法人が中小法人であり、かつ、連結子法人Aが大法人、連結子法人Bが中小法人というケースでは、連結子法人Bは貸倒引当金が設定できます。

	連結子法人の 資本金の額	連結親法人の資本金の額	
		1億円超	1億円以下
連結親法人	－	×	○
連結子法人A	1億円超	×	×
連結子法人B	1億円以下	×	○

2 欠損金の繰越控除

　連結親法人が中小法人である場合、連結所得金額の100％まで損金算入が可能です。連結子法人に大法人が含まれている場合も同様です（法法81の9①・⑧）。ただし、連結親法人が一定の大規模法人の所有に属している場合は除きます。

繰越控除の適用可否

	連結子法人の 資本金の額	連結親法人の資本金の額	
		1億円超	1億円以下
連結親法人	－	×	○
連結子法人A	1億円超		
連結子法人B	1億円以下		

3 軽減税率

　連結親法人が中小法人である場合、連結所得のうち800万円以下の金額について本則19％、特例15％の軽減税率が適用されます。連結子法人に大法人が含まれている場合も同様です（法法81の12②）。ただし、連結親法人が一定の大規模法人の所有に属している場合は除きます（法法81の12⑥）。

	連結子法人の 資本金の額	連結親法人の資本金の額	
		1億円超	1億円以下
連結親法人	－	×	○
連結子法人A	1億円超		
連結子法人B	1億円以下		

4 特定同族会社の特別税率の不適用

　連結親法人が中小法人である場合、特定同族会社の留保金課税は適用されません。連結子法人に大法人が含まれている場合も同様です。ただし、連結親法人が一定の大規模法人の所有に属している場合は除きます（法法81の13①）。

特別税率の不適用の可否

	連結子法人の 資本金の額	連結親法人の資本金の額	
		1億円超	1億円以下
連結親法人	－	× （適用）	○ （不適用）
連結子法人A	1億円超		
連結子法人B	1億円以下		

5 中小企業等向けの各種特別措置

　代表的な例として、中小企業投資投資促進税（中小企業者等である連結法人による機械装置等の対象設備の取得につき特別償却30％又は税額控除7％）を見ると、適用関係は次ページのようになっています（措法68の11、法令39の41①）。ただし、一定の大規模法人の所有に属する連結法人は、中小企業者等の範囲から除かれています。

	連結子法人の 資本金の額	連結親法人の資本金の額	
		1億円超	1億円以下
連結親法人	－	×	○
連結子法人A	1億円超	×	×
連結子法人B	1億円以下	×	○

グループ通算制度

　貸倒引当金、欠損金の繰越控除、軽減税率、特定同族会社の特別税率の不適用、中小企業等向けの各租税特別措置、における中小法人の判定について、通算グループ内のいずれかの法人が中小法人に該当しない場合には、通算グループ内の全ての法人が中小法人に該当しないこととなります（法法52①一イ、57⑪一イ、66⑥、法法67①）。

　現行制度より厳しくなるということです。

グループ通算制度における中小判定

	子法人の 資本金の額	親法人の資本金の額	
		1億円超	1億円以下
親法人	－	×	×
子法人A	1億円超		
子法人B	1億円以下		

	資本金の額	
親法人		
子法人A	1億円以下	○
子法人B		

なお、中小企業等向けの各租税特別措置については、中小企業技術基盤
強化税制（措法68の9④）、中小連結法人の少額減価償却資産の特例（措法
68の102の2）、交際費等の損金不算入（措法68の66）なども含まれると考
えられますが、詳細は今後の税制改正を待つ必要があります。
　グループ通算制度移行後の欠損金の繰戻還付における中小判定も同様で
す。

所得税額控除

連結納税制度

　連結法人が各連結事業年度において配当等の支払いを受ける場合には、これらにつき課される所得税の額は、配当等の元本の所有期間等に応じた一定の算式に基づき、その連結事業年度の連結所得に対する法人税の額から控除します（法法81の14）。単体申告との相違点は以下の通りです。

　まず、配当等の元本が連結グループ内で移転した場合には、連結グループを一体として所有期間を計算します（法令155の26④六）。つまり、元本を譲り受けた連結法人は、元本を譲渡した他の連結法人の所有期間を引き継ぎます。

　次に、銘柄別簡便法を選択した場合には、連結グループを一体として計算します。すなわち、所得税額控除の計算には、原則法と銘柄別簡便法があるところ、配当等の元本を株式及び出資、集団投資信託の受益権の2グループに区分し、かつ、配当等の計算の基礎となった期間が1年超のものと1年以下のものとに区分した計4区分について、それぞれの区分ごとに原則法か銘柄別簡便法のいずれかの方法を連結グループ全体で選択し、計算することになります（法令155の26③）。

　銘柄別簡便法の算式は以下の通りです。銘柄ごとに計算します。

〔計算期間が1年以下のもの〕

　所得税額控除額＝

$$\text{各連結法人の配当等に対する所得税の額の合計額} \times \frac{A+(B-A)\times 1/2}{B}$$

〔計算期間が1年超のもの〕

$$\text{各連結法人の配当等} \atop \text{に対する所得税の額の合計額} \times \frac{A+（B-A）\times 1／12}{B}$$

A：各連結法人が配当等の計算期間の開始時に所有する元本の数の合計数
B：各連結法人が配当等の計算期間の終了時に所有する元本の数の合計数

グループ通算制度

　所得税額控除額は、各法人において計算するとされました。政府税調の連結納税専門家会合報告書において「個別申告方式を前提とすると、所有期間の計算単位（銘柄別簡便法）も法人ごととすることが事務負担の観点から合理的である」とされていることを踏まえ、銘柄別簡便法の上記算式を改め、通算グループ全体の数値を合計するのではなく、各法人で所得税控除額を計算することになります（法令140の2③）。

　なお、専門家会合の議論の途中では、資料において「現行制度では、連結グループ内で元本の譲渡があった場合、譲渡を受けた法人がその元本をもとから持っていたことにする取扱いとされており、当該制度は現行制度のままとしてはどうか」という記述があったことから（専門家会合第4回会合資料）、こちらについては維持されると見込まれており、その通りとなりました。通算法人間で配当の元本の譲渡があった場合には、譲渡を受けた法人が譲渡を行った法人の所有期間を引き継ぐこととなります（法令140の2④六）。

　改正前後の比較は以下の通りです。

連結納税制度	グループ通算制度
○連結グループ全体計算（銘柄別簡便法）	○各法人で計算

連結納税制度

　連結法人が各連結事業年度において外国法人税を納付することとなる場合には、その外国法人税の額のうち、連結控除限度個別帰属額に達するまでの金額を当該連結事業年度の連結所得に対する法人税の額から控除します（法法81の15）。

　具体的には、以下の手順で計算します。なお、外国税額について税額控除と損金算入のいずれを適用するかは、連結グループ全体で選択します。

① 連結グループ全体で連結控除限度額を計算（法令155の28①）

連結控除限度額 =

$$\text{当期の連結法人税額} \times \frac{\text{調整連結国外所得金額}}{\text{連結所得金額}}$$

・連結法人税額は、研究開発税制等の租特の適用後の金額

・連結所得金額は、繰越欠損金控除前の金額

・調整連結国外所得金額は、連結所得金額の90%が限度

② 連結控除限度個別帰属額を計算（法令155の30）

連結控除限度個別帰属額 =

$$\text{連結控除限度額} \times \frac{\text{その連結法人の調整国外所得金額}}{\text{各連結法人の調整国外所得金額の合計額}}$$

・調整国外所得金額は、調整連結国外所得金額につき各連結法人に帰せられる金額がゼロを超えるもの

なお、控除限度個別帰属額は、法人税のほか、地方法人税、道府県民税及び市町村民税の分があります（法令155の30、155の31）。

③　個別控除対象外国法人税額を計算（法令155の27）

　納付した外国法人税額のうち、高率（35％超）負担部分及び対象とならない外国法人税額を除いた金額

④　連結控除限度個別帰属額の超過額・余裕額を計算（法令155の32、155の33）

　個別控除対象外国法人税額＞連結控除限度個別帰属額

　　　　　　　　　　　　　→差額は超過額（3年間繰越）

　個別控除対象外国法人税額＜連結控除限度個別帰属額

　　　　　　　　　　　　　→差額は余裕額（3年間繰越）

　超過額・余裕額は単体で管理（連結グループ内での相殺は不可）

グループ通算制度

1 概説

　政府税調の連結納税専門家会合報告書では、上記のグループ調整計算について維持・廃止の両論併記となり、税制改正の終盤まで議論が行われましたが、グループ一体経営の実態に鑑み、最終的には維持されることになりました。

　通算グループ内の各通算法人の控除限度額の計算は以下の通りです。

　なお、外国税額について税額控除と損金算入のいずれを適用するかは通算グループ全体で選択することとなり、通算法人ごとの選択は認められません（法法41②）。

【手順１】 通算グループ内の各法人で調整前控除限度額を計算（法法69⑭）

調整前控除限度額 ＝

$$各通算法人の法人税額の合計額 \ \times\ \frac{その通算法人の調整国外所得金額}{各通算法人の所得金額の合計額}$$

　法人税額は租特等の適用後の金額（法令148②一イ）、各通算法人の所得金額の合計額は損益通算前かつ繰越欠損金控除前のもの（法令148③）、調整国外所得金額とは国外所得金額のうち非課税国外所得金額を除いたものとして一定の算式により計算した金額（法令148④・⑤）をいいます。なお、各通算法人の調整国外所得金額の合計額が各通算法人の所得金額の合計額の90％を超える場合には、調整国外所得金額は90％が限度になるよう比例的に減額することになります（法令148⑥）。

【手順２】 各法人で控除限度調整額を計算（法令148⑦）

赤字の調整前控除限度額を黒字の調整前控除限度額の比でプロラタ配分

控除限度調整額　＝

各通算法人の調整前控除限度額（赤字に限る）の合計額

$$\times\ \frac{その通算法人の調整前控除限度額（黒字に限る）}{各通算法人の調整前控除限度額（黒字に限る）の合計額}$$

【手順３】 各法人で控除限度額を計算（法令148①）

控除限度額　＝　調整前控除限度額　－　控除限度調整額

【手順４】 税額控除可能額の計算（法法69①～③）

　各通算法人で控除限度額と控除対象外国法人税額のうち小さい額を控除

　控除対象外国法人税額＞控除限度額→差額は超過額（３年繰越可）

　控除対象外国法人税額＜控除限度額→差額は余裕額

　各通算法人で計算

　通算グループ内の各法人の当期の外国税額控除額が期限内申告書に記載された外国税額控除額と異なる場合には、期限内申告書に記載された外国

税額控除額を当期の外国税額控除額とみなされます（法法69⑮）。

　その上で、当期の外国税額控除額と期限内申告書に記載された外国税額控除額との過不足額は、進行年度の外国税額控除額又は法人税額においてその調整を行うことになります。

　すなわち、通算グループ内の他の法人における過年度の計算誤りにより数値の変動があった場合には、その変動後の数値により控除限度額を各事業年度で再計算しますが（この再計算自体は、修更正に該当しません）、税額控除額は当初申告額に固定し、税額控除額の変動額は進行年度で調整することになります。すなわち控除不足分を進行年度で控除額に加算し（法法69⑰）、超過分は法人税額に加算する、ということになります（法法69⑱）。

　ただし、通算グループ内の各法人が外国税額控除額の計算の基礎となる事実を隠蔽又は仮装して外国税額控除額を増加させること等により法人税の負担を減少させようとする場合には、この取扱いは適用されません（法法69⑯）。

　なお、個別の通算法人において当初申告の後、法人税額、所得金額、国外所得金額等に変動があった場合には、その変動額を他の通算法人に通知しなければなりません（法令148⑨）。

　改正前後の比較は以下の通りです。

連結納税制度	グループ通算制度
○連結グループ全体計算（税額控除限度額）	○通算グループ全体計算（税額控除限度額） ○過年度ミスは進行年度で処理

2 設例

〈当初申告〉

　通算親法人P及び通算子法人S1、S2からなる通算グループのX－2年度の当初申告が以下の通りだったとします。

	P	S1	S2	合計
所得	50	200	350	600
国外所得（＝調整国外所得金額、以下同様）	200	100	▲60	240
法人税額（＝所得×23.2%、以下同様）	12	46	81	139
外国税額	46	17	0	63

　X－2年度における外国税額控除の手順は以下の通りです。

	P	S1	S2	合計
【手順1】通算グループ内の各法人で調整前控除限度額を計算				
法人税額合計×個別国外所得／所得合計	46	23	▲14	55
【手順2】各通算法人で控除限度調整額を計算				
赤字の調整前控除限度額を黒字の調整前控除限度額の比で配分	9	5		
【手順3】各法人で控除限度額を計算				
調整前控除限度額－控除限度調整額	37	18		
【手順4】税額控除可能額の計算				
外国税額と控除限度額の小さいほう＝税額控除額	37	17		
控除限度超過額	9			
控除余裕額		1		

　【手順1】では通算グループ内の各通算法人で調整前控除限度額を計算します。

　例えばPは、法人税額合計（139）×個別国外所得（200）／所得合計（600）により46となります。

【手順2】では各通算法人で控除限度調整額を計算します。具体的には赤字の調整前控除限度額を黒字の調整前控除限度額の比で配分します。

例えばPへの配分額は、赤字の調整前控除限度額（14）×Pの調整前控除限度額（46）／PとSの調整前控除限度額の合計額（46＋23＝69）により9となります。

【手順3】では各通算法人で調整前控除限度額から控除限度調整額を控除し、控除限度額を計算します。

例えばPの控除限度額は46－9＝37となります。

【手順4】の税額控除可能額の判定は現行の外国税額控除制度と同様です。外国税額と控除限度額の小さいほうを税額控除し、外国税額のほうが大きい場合は控除限度超過額が、控除限度額のほうが大きい場合は控除余裕額が生じます。それぞれ3年間、繰り越すことが可能です。

なお、Pについては法人税額（12）に比べ税額控除額（37）のほうが大きいため、差額25が還付されます。

■ Case：国外所得の変動

〔X－2年度〕

X年度の税務調査によりX－2年度におけるS2の所得が▲60から0に増更正されたとします。

	P	S1	S2	合計
所得	50	200	410	660
国外所得（＝調整国外所得金額とする）	200	100	0	300
法人税額	12	46	95	153
外国税額	46	17	0	63

これを踏まえたX－2年度の外国税額控除の取扱いは以下の通りです。

【手順1】 通算グループ内の各法人で調整前控除限度額を計算				
法人税額合計×個別国外所得／所得合計	46	23	0	69
【手順2】 各通算法人で控除限度調整額を計算				
赤字の調整前控除限度額をプロラタで配分	0	0		
【手順3】 各法人で控除限度額を計算				
調整前控除限度額－控除限度調整額	46	23		
【手順4】 税額控除可能額の計算				
外国税額と控除限度額小さいほう（再計算結果）	46	17		
実際の税額控除額＝当初申告額	37	17		
控除不足分＝再計算結果－実際の控除額	9	0		
控除限度超過額（再計算結果）	0			
控除余裕額（再計算結果）	0	6		

　まず、S2の増更正を踏まえた外国税額控除の再計算自体は、通算グループ全体で行います。ただし、PとS1における実際の税額控除額は、それぞれ当初申告額である37と17に固定します（厳密には、S1は更正の前後で税額控除額が17で変動しないため「固定する」というよりは17のまま、という意味です）。

　この結果、Pでは税額控除可能額の再計算結果（46）と実際の税額控除額（37）に差額（9）が発生します。これは、本来は控除できたはずが控除できなかった控除不足分です。X－2年度でもX－1年度でもなく、S2の増更正が行われたX年度（進行年度）で税額控除額に加算することになります（後述）。S2には差額が生じません。

　その上で、控除限度超過額と控除余裕額は、再計算結果に基づき算出します。Pは外国税額（46）と控除限度額（46）が同額のため、控除限度超過額も控除余裕額も発生しません。S2は控除限度額（23）が外国税額

（17）を超えているため、差額（6）が控除余裕額となり、X－1年度に繰越します。

　なお、PやS1におけるこれらの再計算は修更正に該当しません。

〔X－1年度〕

　X－1年度の当初申告が以下の通りだったとします。X－2年度に係るS2の増更正が行われる前の数値が前提となっているため、Pの繰越控除限度超過額は9、S1の繰越控除余裕額は1となっています。

	P	S1	S2	合計
所得	50	200	410	660
国外所得（＝調整国外所得金額とする）	200	100	0	300
法人税額	12	46	95	153
外国税額	40	32	0	72
繰越控除限度超過額	9			
繰越控除余裕額		1		

　これを踏まえたX－1年度における外国税額控除の手順は次の通りです。

【手順1】通算グループ内の各法人で調整前控除限度額を計算				
法人税額合計×個別国外所得／所得合計	46	23	0	69
【手順2】各通算法人で控除限度調整額を計算				
赤字の調整前控除限度額をプロラタで配分	0	0		
【手順3】各法人で控除限度額を計算				
調整前控除限度額－控除限度調整額	46	23		
【手順4】税額控除可能額の計算				
外国税額＋繰越控除限度超過額（＝a）	49			

控除限度額と（a）の小さいほう＝当初申告額（固定）	46		
控除限度額＋繰越控除余裕額を加算（＝b）		24	
（b）と外国税額の小さいほう＝当初申告額（固定）		24	
【手順5】 X－2年度の修更正を踏まえた再計算			
外国税額＋繰越控除限度超過額（＝a'）	40		
控除限度額と（a'）の小さいほう＝あるべき控除額	40		
控除超過分（当初申告額－あるべき控除額）	6		
控除余裕額（再計算結果）	6		
控除限度額＋繰越控除余裕額（＝b'）		29	
（b'）と外国税額の小さいほう＝あるべき控除額		29	
控除不足分（あるべき控除額－当期申告額）		5	
控除限度超過額（再計算結果）		3	

　【手順1】から【手順4】までは実際のX－1年度における当初申告です。X－2年度から繰り越されてきた控除限度超過額、控除余裕額を踏まえながら外国税額と控除限度額の比較を行い、税額控除額を確定します。このX－1年度の税額控除額は、X－2年度における修更正にかかわらず固定されます。

　ただし、X－2年度のS2の増更正を踏まえた再計算自体は【手順5】の通り行います。まず、X－1年度に繰り越されるPの控除限度超過額は、X－2年度の当初申告を前提とした9ではなく、X－2年度の再計算結果を踏まえた0となります。この結果、外国税額（40）＋繰越控除限

度超過額（0）｝＜控除限度額（46）により、X−1年度のあるべき税額控除額は40と算出されます。Pの実際の税額控除額（46）はあるべき税額控除額より6多いため、それだけ控除超過分が生じているということになります。この額は進行年度の法人税額に加算します（後述）。

　X−1年度に繰り越されるS1の控除余裕額は、X−2年度の当初申告を前提とした1ではなく、X−2年度の再計算結果を踏まえた6となります。この結果、外国税額（32）＞｛控除限度額（23）＋繰越控除余裕額（6）｝により、X−1年度のあるべき税額控除は29と算出されます。S1の実際の税額控除額（24）はあるべき税額控除額より5少ないため、それだけ控除不足分が生じています。この額は進行年度の税額控除額に加算します（後述）。

　その上で、控除限度超過額と控除余裕額は、再計算結果に基づき算出します。Pは控除限度額（46）が外国税額（40）と繰越控除限度超過額（0）の合計額（40）を超えているため、差額（6）が控除余裕額となります。S2は外国税額（32）が控除限度額（23）と繰越控除余裕額（6）の合計額（29）を超えているため、差額（3）が控除限度超過額となります。これらの数値はX年度（進行年度）に繰り越します。

　なお、PやS1における上記の再計算は、修更正に該当しません。

〔X年度（進行年度）〕

　最後に、X年度の当初申告が以下の通りだったとします。X−1年度に係る再計算結果を踏まえ、Pの繰越控除余裕額は6、S1の繰越控除限度超過額は3となっています。

	P	S1	S2	合計
所得	50	200	410	660
国外所得（＝調整国外所得金額とする）	200	100	0	300

法人税額	12	46	95	153
外国税額	40	32	0	72
繰越控除限度超過額		3		
繰越控除余裕額	6			

これを踏まえたX年度における外国税額控除の手順は次の通りです。

【手順1】 通算グループ内の各法人で調整前控除限度額を計算				
法人税額合計×個別国外所得／所得合計	46	23	0	69
【手順2】 各通算法人で控除限度調整額を計算				
赤字の調整前控除限度額をプロラタで配分	0	0		
【手順3】 各法人で控除限度額を計算				
調整前控除限度額−控除限度調整額	46	23		
【手順4】 税額控除可能額の計算				
外国税額＋繰越控除限度超過額（＝a）		35		
控除限度額と（a）の小さいほう＝税額控除額		23		
控除限度超過額		12		
控除限度額＋繰越控除余裕額を加算（＝b）	52			
（b）と外国税額の小さいほう＝税額控除額	40			
控除余裕額	12			
【手順5】 過年度の控除超過・不足分の調整				
控除超過分	6			
控除超過分を法人税額に加算	18			
控除不足分	9	5		

控除不足分を税額控除額に加算	49	28		

　【手順1】から【手順4】では、Ｘ－1年度から繰り越されてきた控除限度超過額及び控除余裕額を考慮に入れながら外国税額と控除限度額の比較を行い、税額控除額を算出します。

　【手順5】が追加的な作業です。まず、ＰではＸ－1年度の再計算の結果、控除超過分（6）が生じています。これをＸ年度の法人税額（12）に加算します。また、Ｘ－2年度には控除不足分（9）が生じており、これをＸ年度の税額控除額（40）に加算します。結果、加算後の法人税額（18）－加算後の税額控除額（49）により還付（31）が生じます。

　なお、控除超過分を税額控除額から減算するのではなく法人税額に加算するのは、進行年度に税額控除額がない場合、税額控除額がマイナスになると適切な二重課税の排除ができなくなるためです。

　一方、Ｓ1ではＸ－1年度に控除不足分（5）が生じているため、Ｘ年度の税額控除額（23）に加算します。結果、法人税額（46）－加算後の税額控除額（28）により、納税（18）となります。

　なお、上記の事例は国外所得に誤りがあるケースですが、外国税額や他の限度額の計算に誤りがあっても、全て進行年で処理することになります。

連結納税制度

　連結確定申告書に仮装経理に基づく過大申告があり、税務署長が更正を行う場合には、その更正によって過大となった法人税額のうち粉飾決算に基づく部分に相当する金額（仮装経理法人税額）については原則として還付しないこととされています（法法135①）。

　そして、この場合の還付されなかった仮装経理法人税額は、まず、更正の日の属する連結事業年度開始の日前1年以内に開始する各連結事業年度の確定法人税額に相当する金額が還付され（法法135②）、残額についてはその更正の日の属する連結事業年度から5年間の各連結事業年度の連結所得に対する法人税の額から順次控除されます（法法81の16）。

　5年が経過した場合等については、残額が還付されます（法法135③・④）

グループ通算制度

　仮装経理に基づく過大申告の場合の更正に伴う法人税額の控除及び還付制度は、各法人において適用されることになります（法法135）。

11 ▶ 特定同族会社の特別税率

連結納税制度

　連結特定同族会社の各連結事業年度の連結留保金額が連結留保控除額を超える場合には、その超える部分の課税連結留保金額に対して特別税率が課されます（法法81の13①）。

　概要は以下の通りです。連結グループ全体で計算します（法法81の13①〜④）。

○課税連結留保金額

　　＝連結留保金額（連結所得等の金額−（支払配当＋連結法人税等））−連結留保控除額

○連結所得等＝連結所得の金額＋受取配当益金不算入額（国内＋国外）等

　なお、連結留保金額の計算上、連結グループ内の法人間の受取配当及び支払配当はなかったものとされます。

○連結留保控除額…次のうち最も大きい金額

　• 所得基準：連結所得等の金額の40％

　• 定額基準：年2,000万円

　• 積立金基準：連結親法人の資本金×25％−連結利益積立金額

○特別税率

　• 年3,000万円以下の金額：10％

　• 年3,000万円超1億円以下の金額：15％

　• 年1億円を超える金額：20％

グループ通算制度

　グループ通算制度における特定同族会社の特別税率については、各通算法人において計算することとなります。ただし、以下の調整が行われます。

○留保金額の基礎となる所得の金額は、損益通算後の所得の金額となります（法法67③一）。

○所得基準の基礎となる所得の金額は、損益通算前の所得の金額となります（法法67⑤一）。

○留保金額の計算上、通算グループ内の法人間の受取配当及び支払配当はなかったものとした上（法法67③二）、通算グループ外の者に対する配当の額として留保金額から控除される金額は、①に掲げる金額を②に掲げる金額の比で配分した金額と③に掲げる金額との合計額（通算外配当等流出配賦額）となります（法令139の8②・③三）。

　①　各通算法人の通算グループ外の者に対する配当の額（通算外配当等流出額）のうち通算グループ内の他の法人から受けた配当の額に達するまでの金額の合計額

　②　通算グループ内の他の法人に対する配当の額から通算グループ内の他の法人から受けた配当の額を控除した金額（純通算内配当等の額）

　③　通算グループ外の者に対する配当の額（通算外配当等流出額）が通算グループ内の他の法人から受けた配当の額を超える部分の金額

　この①から③に関する設例は、次ページの図の通りです。

　連結納税制度においては、連結グループ外の者に対する配当の額として連結留保金額の計算上、控除される金額は、1,200ということになります。

　一方、グループ通算制度においては、各法人で計算することから、普通に考えれば、通算グループ外の者に対する配当の額は、Ｐが1,200、Ｓ1がゼロ、Ｓ2がゼロとなりそうです。しかし、Ｐの配当の原資にはＳ1や

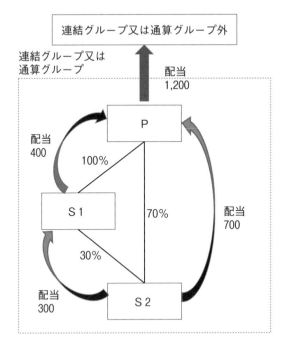

S 2からの配当も含まれていそうです。

　そこで、グループ通算制度においては、通算グループ外の者に対する配当の額はPで「独り占め」するのではなく、通算グループ内の法人で分かち合う、すなわち、S 1とS 2の純配当（通算グループ内への支払配当－通算グループ内からの受取配当）は、Pを通じて通算グループ外に支払った配当と観念しようというものと思われます。

　通算グループ外の者に対する配当の額として留保金額から控除される金額は①を②の比で配分した金額と③の合計額です。

① 　P：1,200のうち1,100（700＋400）に達するまでの金額＝1,100

　　　S 1：0のうち300に達するまでの金額＝0

　　　S 2：0のうち0に達するまでの金額＝0

　　　よって合計額は1,100

② 　P：0から1,100を控除＝0

　　S 1：400から300を控除＝100

　　S 2：1,000（300＋700）から 0 を控除＝1,000

　　①を②の比で配分した金額

　　P：$1,100 \times \dfrac{0}{100+1,100}=0$

　　S 1：$1,100 \times \dfrac{100}{1,100}=100$

　　S 2：$1,100 \times \dfrac{1,000}{1,100}=1,000$

③ 　P：1,200が1,100を超える部分の金額＝100

　　S 1：0が300を超える部分の金額＝0

　　S 2：0が0を超える部分の金額＝0

…留保金額から控除される金額

　　P：100、S 1：100、S 2：1,000

12 ▶ 欠損金の繰戻しによる還付

連結納税制度

　連結確定申告書を提出する連結事業年度において生じた連結欠損金額がある場合、連結親法人は、その連結確定申告書の提出と同時に、納税地の所轄税務署長に対し、その連結欠損金額に係る連結事業年度（欠損連結事業年度）開始の日前1年以内に開始したいずれかの連結事業年度の連結所得に対する法人税の額に、そのいずれかの連結事業年度（還付所得連結事業年度）の連結所得の金額のうちに占める欠損連結事業年度の連結欠損金額に相当する金額の割合を乗じて計算した金額に相当する法人税の還付を請求することができます（法法81の31①）。

　還付請求金額＝
　　還付所得連結事業年度の法人税額

$$\times \frac{\text{欠損連結事業年度の連結欠損金額に相当する金額}}{\text{還付所得連結事業年度の連結所得の金額}}$$

（注）分子の金額は分母の金額が限度となります。

　この制度は、資本金1億円超の連結親法人については停止されています（措法68の98①）。なお、令和2（2020）年度改正で、本停止措置は2年延長されました。

	グループ通算制度

■1 概説

通算グループ内の各法人の繰戻しの対象となる欠損金額は、各法人の欠損金額の合計額を還付所得事業年度の所得の金額の比で配分した金額とされます（法法80⑦）。災害損失欠損金額についても同様です（法法80⑧）。

なお、第1章7【2】により損益通算の対象外とされる欠損金額は、配分の対象となりません（法法80⑦・⑧）。

計算例は、以下の通りです。

■2 設例

	X－1期			
	損益 通算前	損益通算	所得	税額
P	5,000	▲1,875	3,125	725
S1	▲2,000	2,000	0	0
S2	▲1,000	1,000	0	0
S3	3,000	▲1,125	1,875	435

【X－1期】

○欠損法人の欠損金額の合計額（2,000＋1,000＝3,000）を所得法人の所得の比で配分し、損金算入（P：3,000×5,000／（5,000＋3,000）＝1,875、S3：3,000×3,000／8,000＝1,125）

○損金算入された金額の合計額（3,000）を欠損法人の欠損金額の比で配分し、欠損法人において益金算入（S1：3,000×2,000／（1,000＋2,000）＝2,000、S2：3,000×1,000／3,000＝1,000）

○中小法人の軽減税率の対象となる所得の按分計算は、事例を簡素化する

観点から捨象している（以下同様）

○いずれの通算法人も開始・加入時の欠損金の制限に抵触していないものとする

○税額は所得に法人税率23.2％を乗じて計算している

【X期】

■ Case ❶

	X－1期				X期				
	損益通算前	損益通算	所得	税額	損益通算前	繰戻対象欠損金	繰戻還付	欠損金使用額	還付後損益
P	5,000	▲1,875	3,125	725	▲1,000	2,500	580	1,000	0
S 1	▲2,000	2,000	0	0	▲1,000	0	0	1,000	0
S 2	▲1,000	1,000	0	0	▲1,000	0	0	1,000	0
S 3	3,000	▲1,125	1,875	435	▲1,000	1,500	348	1,000	0

個社の欠損金以上の繰戻し還付が可能となっている。

○通算グループ内の各法人の繰戻しの対象となる欠損金額は、各法人の欠損金額の合計額を還付所得事業年度（X－1期）の所得の金額の比で配分した金額

　各法人の欠損金額の合計額＝4,000（1,000＋1,000＋1,000＋1,000）

$$P：4,000 \times \frac{3,125}{3,125 + 0 + 0 + 1,875} = 2,500$$

S 1：0

S 2：0

$$S 3：4,000 \times \frac{1,875}{5,000} = 1,500$$

○繰戻還付の額は還付所得事業年度（X－1期）の法人税額×繰戻対象欠損金額／還付所得事業年度（X－1期）の所得

（注）分子は分母を限度とする

$$P：725 \times \frac{2,500}{3,125} = 580$$

$$S3：435 \times \frac{1,500}{1,875} = 348$$

○各法人の欠損金の使用額＝各法人の欠損金額×繰戻還付の計算の基礎と
なった金額の合計額／各法人の欠損金額の合計額（法法80⑫）

$$S1：1,000 \times \frac{2,500 + 1,500}{4,000} = 1,000$$

S2、S3、S4も同様

■ Case ❷

	X－1期				X期				
	損益通算前	損益通算	所得	税額	損益通算前	繰戻対象欠損金	繰戻還付	欠損金使用額	還付後損益
P	5,000	▲1,875	3,125	725	▲3,000	4,375	725	2,143	▲857
S1	▲2,000	2,000	0	0	▲1,000	0	0	714	▲286
S2	▲1,000	1,000	0	0	▲1,000	0	0	714	▲286
S3	3,000	▲1,125	1,875	435	▲2,000	2,625	435	1,429	▲571

○通算グループ内の各法人の繰戻しの対象となる欠損金額は、各法人の欠
損金額の合計額を還付所得事業年度（X－1期）の所得の金額の比で配
分した金額

各法人の欠損金額の合計額＝7,000（3,000＋1,000＋1,000＋2,000）

$$P：7,000 \times \frac{3,125}{5,000} = 4,375$$

S1：0

S2：0

$$S3：7,000 \times \frac{1,875}{5,000} = 2,625$$

○繰戻還付の額は還付所得事業年度（X－1期）の法人税額×繰戻対象欠
　損金額／還付所得事業年度（X－1期）の所得

（注）分子は分母を限度とする

$$P：725 \times \frac{3,125}{3,125} = 725$$

$$S3：435 \times \frac{1,875}{1,875} = 435$$

○各法人の欠損金の使用額

$$P：3,000 \times \frac{3,125 + 1,875}{7,000} = 2,143$$

$$S1：1,000 \times \frac{5,000}{7,000} = 714$$

$$S2：1,000 \times \frac{5,000}{7,000} = 714$$

$$S3：2,000 \times \frac{5,000}{7,000} = 1,429$$

■ Case ❸

	X－1期				X期				
	損益通算前	損益通算	所得	税額	損益通算前	損益通算	損益通算後	繰戻対象欠損金	繰戻還付
P	5,000	▲1,875	3,125	725	▲2,000	2,000	0	na	na
S 1	▲2,000	2,000	0	0	3,000	▲2,000	1,000		
S 2	▲1,000	1,000	0	0	3,000	▲2,000	1,000		
S 3	3,000	▲1,125	1,875	435	▲2,000	2,000	0	na	na

○通算グループが黒字（2,000）のため、繰戻還付は行われない

■ Case ❹

	X−1期				X期						
	損益通算前	損益通算	所得	税額	損益通算前	損益通算	損益通算後	繰戻対象欠損金	繰戻還付	欠損金使用額	還付後損益
P	5,000	▲1,875	3,125	725	▲2,000	1,000	▲1,000	1,250	290	1,000	0
S 1	▲2,000	2,000	0	0	1,000	▲1,000	0	0	0	0	0
S 2	▲1,000	1,000	0	0	1,000	▲1,000	0	0	0	0	0
S 3	3,000	▲1,125	1,875	435	▲2,000	1,000	▲1,000	750	174	1,000	0

【X期】

○欠損法人の欠損金額の合計額（所得法人の所得の金額の合計額が限度＝2,000）を所得法人の所得の比で配分し、損金算入

○損金算入された金額の合計額（2,000）を欠損法人の欠損金額の比で配分し、欠損法人において益金算入

○通算グループ内の各法人の繰戻しの対象となる欠損金額は、各法人の欠損金額の合計額を還付所得事業年度（X−1期）の所得の金額の比で配分した金額

　　各法人の欠損金額の合計額＝2,000（1,000＋0＋0＋1,000）

　P：$2,000 \times \dfrac{3,125}{5,000} = 1,250$

　S 1：0

　S 2：0

　S 3：$2,000 \times \dfrac{1,875}{5,000} = 750$

○繰戻還付の額は還付所得事業年度（X−1期）の法人税額×繰戻対象欠損金額／還付所得事業年度（X−1期）の所得

（注）分子は分母を限度とする

$$P：725 \times \frac{1,250}{3,125} = 290$$

$$S3：435 \times \frac{750}{1,875} = 174$$

○欠損金使用額

$$P = 1,000 \times \frac{1,250 + 750}{2,000} = 1,000$$

$$S1、S2：0$$

$$S3：1,000 \times \frac{2,000}{2,000} = 1,000$$

13 ▶ 研究開発税制

連結納税制度

　連結納税制度において、研究開発税制を適用する際には、連結グループ全体で控除額を計算し、各連結法人にその個別帰属額を配分します。

　すなわち、グループ全体の試験研究費の合計額に基づき増減試験研究費割合を計算し、税額控除割合を判定し、グループ全体の試験研究費の合計額にその税額控除割合を乗じてグループ全体の税額控除限度額を計算するとともに、グループ全体の調整前連結税額の25％が控除上限額となります（措法68の9）。

　こうしてグループ全体の税額控除可能額を計算した上で、各連結法人の税額控除額の個別帰属額を各連結法人の個別税額控除相当額（各連結法人の試験研究費×個別増減試験研究費割合）の額の比で按分計算します（措令39の39㉗）。

グループ通算制度

1 概説

　グループ通算制度の下でも、研究開発税制については、連結納税制度と同様、通算グループを一体として計算した税額控除限度額と控除上限額とのいずれか少ない金額を税額控除可能額とした上で、税額控除可能額を各通算法人の調整前法人税額の比で配分した金額（税額控除可能分配額）を

各通算法人の税額控除額とします（措法42の4⑧）。

政府税調の連結納税専門家会合報告書では、「① 単体申告の場合には欠損法人が行った試験研究等については税額控除が受けられないこととの公平性や事務負担の観点から調整計算を廃止することも考えられる。② 他方、企業グループの研究開発機能を集中させている企業経営の実態や政策税制であることなども踏まえ、引き続き調整計算を行うなど、何らかの配慮をすることも考えられる。」とされていましたが、②の考え方がとられたということになります。

個別申告方式の下では、損益通算後の所得がない法人（つまり調整前法人税額がない法人）に対して税額控除可能額を配分しても控除ができないことから、損益通算後（かつ繰越欠損金控除後）なお黒字の法人にのみ、税額控除可能額を配分することとなります。したがって、試験研究費を支出した法人と、税額控除を受ける法人とが異なる局面が生じる可能性があります。

その上で、修更正の遮断措置が講じられます。ある通算法人から見た場合に、他の通算法人において試験研究費の額や調整前法人税額について変動があったとしても、他の通算法人の当初の確定申告書に記載された数値で固定されます（措法42の4⑧四）。

ただし、グループ全体で再計算自体は行います。例えば減更正によって通算グループ全体の税額控除可能額が当初の確定申告書に記載された税額控除可能額に満たなくなる場合には、税額控除可能額の目減り分を減更正を行った法人の税額控除額可能分配額から減少させ、場合によっては取戻し課税を行います（措法42の4⑧六）。

一方、増更正によって税額控除可能額が増える場合には、当初申告における税額控除可能分配額で固定されます（措法42の4⑧五）。

研究開発税制が租税特別措置であること、また、技術的な課題もあり、このように減更正と増更正でアンバランスな取扱いとなったとされます

が、平成29年度税制改正で当初申告制度の見直しがあり、増更正の場合で
も税額控除額を連動して増額できることになった経緯を踏まえれば、この
部分については課題を残すこととなりました。

　なお、個別の通算法人において当初申告の後、試験研究費の額、調整前
法人税額、欠損金額に変動があった場合には、修更正に伴う通算グループ
全体での再計算を確保する観点から、その変動額を他の通算法人に通知す
る必要があります（措法42の4⑩）。

　改正前後の比較は以下の通りです。

連結納税制度	グループ通算制度
○連結グループ全体計算（税額控除額）	○通算グループ全体計算（税額控除額）
○控除額は各連結法人の個別税額控除相当額の比で按分	○控除額は各通算法人の調整前法人税額の比で按分
○増更正の場合でも控除増	○増更正の場合の控除増なし

2 設例

〈当初申告〉

　通算親法人P及び通算子法人S1、S2からなる通算グループのX年度
の当初申告が以下の通りだったとします。

	P	S1	S2	合計
所得	300	600	0	900
調整前法人税額（所得×23.2%、以下同様）	70	139	0	209
試験研究費	350	0	250	600
比較試験研究費	250	0	250	500

【手順1】 増減試験研究費割合を通算グループ全体で計算				
合算増減試験研究費割合	20%			
【手順2】 税額控除割合を通算グループ全体で計算				
税額控除割合	10%			
【手順3】 税額控除限度額を計算				
試験研究費合計額×税額控除割合	60			
【手順4】 法人税額の控除上限の計算				
調整前法人税額合計額×25%	52			
【手順5】 税額控除可能額の計算				
手順3結果と手順4結果の小さいほう	52			
【手順6】 税額控除可能分配額				
手順5結果を調整前法人税額の比（控除分配割合）で配分	17	35	0	

　【手順1】の増減試験研究費割合をグループ全体で計算する構造は連結納税と変わりません。比較試験研究費合計額と当期の試験研究費合計額を比べ、（600－500）／500により20%となります（合算増減試験研究費割合）。

　次に、【手順2】の税額控除割合の計算に移ります。現在の連結納税制度に当てはめれば、税額控除割合は9.9%＋（20%－8%）×0.3＝13.5%となりますが、税額控除割合が10%超〜上限14%の部分は令和2（2020）年度末までの時限措置であり、グループ通算制度の施行日前に期限が切れることから、今般、成立した令和2年度税制改正法案では10%超〜14%の部分がありません。

　すなわち、9.9%＋（20%－8%）×0.3＝13.5%の計算はしますが、この結果が10%を超える場合は10%とされているため（措法42の4⑧三イ）、税額控除割合は現段階では10%となります。10%超〜14%部分は、令和3年度税制改正で研究開発税制全体を議論する中で別途決まります。この結

果、単純延長となるかもしれませんし、改組かもしれません。

【手順3】～【手順5】は現行制度通りです。この事例では、税額控除限度額（60）が法人税額の控除上限（52）を超えているため、税額控除可能額は低いほうの52となります。

【手順6】が連結納税制度と異なる部分です。連結納税制度では、税額控除可能額を個別税額控除相当額（各連結法人の試験研究費×個別増減試験研究費割合）、すなわち試験研究費の額に着目した按分キーにて各連結法人の帰属額として割り振っていましたが、グループ通算制度では調整前法人税額の比（控除分配割合）で配分します。この結果、按分された額を税額控除可能分配額といいます。

例えばPでは52×70／209により17を配分し、S1については52×139／209により35を配分します。S2は調整前法人税額がないため、配分はありません。

なお、S1については、試験研究を全く行っていないにもかかわらず税額控除が可能という奇妙な結果となりますが、通算法人間における通算税効果額（通算法人のみに適用される規定を適用することにより減少する法人税及び地方法人税の額に相当する金額として通算法人と他の通算法人との間で授受される金額）の授受は益金不算入・損金不算入となることから（法法26④、38③）、企業としては税額控除可能額の配分後、必要に応じ、グループ内で適宜の調整を行うことになると見込まれます。

■ Case❶：増更正

X＋○年度に税務調査が行われ、S2のX年度の当初申告につき誤りが見つかり、増更正がなされたとします（所得0→400）。

	P	S1	S2	合計
所得	300	600	400	1,300

調整前法人税額	70	139	93	302
試験研究費	350	0	250	600
比較試験研究費	250	0	250	500

【手順1】 増減試験研究費割合を通算グループ全体で計算	
合算増減試験研究費割合	20%
【手順2】 税額控除割合を通算グループ全体で計算	
税額控除割合	10%
【手順3】 税額控除限度額を計算	
試験研究費合計額×税額控除割合	60
【手順4】 法人税額の控除上限の計算	
調整前法人税額合計額×25%	76
【手順5】 税額控除可能額の計算	
手順3結果と手順4結果の小さいほう	60（≧52）

【手順6】 税額控除可能分配額の計算			
税額控除可能額≧当初申告税額控除可能額の場合、当初申告税額控除可能分配額を税額控除可能分配額とする	17	35	0

　この場合、【手順1】～【手順3】は当初申告の通りとなりますが、【手順4】ではＳ２の所得増に伴い調整前法人税額合計額が209から302に増加しており、法人税額の控除上限も52から76に増加します。

　この結果、【手順3】結果（60）と【手順4】結果（76）の小さいほうである60が【手順5】により（新たな）税額控除可能額となりますが、（新たな）税額控除可能額（60）≧当初申告税額控除可能額（52）の場合、当初申告税額控除可能分配額が税額控除可能分配額となるため（措法42の4⑧五）、【手順6】結果も当初申告と変わりません。

　増更正の場合、それに伴って控除額が増えるわけではない、ということ

です。

■ Case ❷：減更正

次は減更正の場合です。Ｘ年度に係るＳ１の当初申告につき更正の請求があったとします（所得600→400）。

	P	S 1	S 2	合計
所得	300	400	0	700
調整前法人税額	70	93	0	163
試験研究費	350	0	250	600
比較試験研究費	250	0	250	500

【手順1】 増減試験研究費割合を通算グループ全体で計算				
合算増減試験研究費割合	20%			
【手順2】 税額控除割合を通算グループ全体で計算				
税額控除割合	10%			
【手順3】 税額控除限度額を計算				
試験研究費合計額×税額控除割合	60			
【手順4】 法人税額の控除上限の計算				
調整前法人税額合計額×25%	41			
【手順5】 税額控除可能額の計算				
手順3結果と手順4結果の小さいほう	41			
税額控除可能分配額（当初申告ベース／再掲）				
	17	35	0	
【手順6】 税額控除超過額の計算				
当初申告税額控除可能額－税額控除可能額	11			
【手順7】 税額控除可能配分額の減少				

当初申告税額控除可能分配額から手順6結果を控除したものを税額控除可能分配額とみなす	24		

【手順1】～【手順3】は変わりません。【手順4】はＳ1の所得の減により調整前法人額合計額が209から163に減少しており、法人税額の控除上限も52から41へと減少します。【手順5】は【手順3】結果（60）と【手順4】結果（41）の小さいほうである41となります。

　増更正の場合と異なり、減更正によって税額控除可能額が当初申告税額控除可能額に満たなくなる場合は、減更正のあった通算法人において控除額が減となります（措法42の4⑧六イ）。

　まず、【手順6】で当初申告税額控除可能額（52）から（新しい）税額控除可能額（41）を減算して税額控除超過額（11）を算出し、その額を【手順7】で減額更正のあったＳ1の当初申告税額控除可能分配額から控除した金額（35－11＝24）がＳ1の税額控除可能分配額とみなされます。

　なお、増更正／減更正の双方について、更正のなかった他の通算法人の結果には影響がありません。更正のあった通算法人の当初申告における整前法人税額（又は試験研究費の額）が更正により変動したとしても、更正のなかった他の通算法人からみた場合、その調整前法人税額（又は試験研究費の額）は当初申告額で固定されるためです（措法42の4⑧四）。

　かくして修更正の影響は遮断されます。

■ Case ❸：試験研究費過大

　税額控除可能額が当初申告税額控除可能額を下回るのは、所得の減更正があった場合だけではなく、試験研究費が過大だった場合もあります。

　例えばＸ年度のＰの試験研究費が350ではなく100だったとします。

	P	S 1	S 2	合計
所得	300	600	0	900
調整前法人税額	70	139	0	209
試験研究費	100	0	250	350
比較試験研究費	250	0	250	500

【手順1】 増減試験研究費割合を通算グループ全体で計算				
合算増減試験研究費割合	▲30%			
【手順2】 税額控除割合を通算グループ全体で計算				
税額控除割合	6 %			
【手順3】 税額控除限度額を計算				
試験研究費合計額×税額控除割合	21			
【手順4】 法人税額の控除上限の計算				
調整前法人税額合計×25%	52			
【手順5】 税額控除可能額の計算				
手順3結果と手順4結果の小さいほう	21			
税額控除可能分配額（当初申告ベース）				
	17	35	0	
【手順6】 税額控除超過額の計算				
当初申告税額控除可能額－税額控除可能額	31			
【手順7】 税額控除可能配分額の減少				
当初申告税額控除可能分配額から手順6結果を控除したものを税額控除可能分配額とする	0			
【手順8】 法人税額の加算				
税額控除超過額－当初申告税額控除可能分配額を法人税額に加算	14			

【手順１】の増減試験研究費割合は、（350－500）／500により▲30％となります。【手順２】の税額控除割合は、9.9％－（８％－（▲30％）×0.175％）＝3.25％となりますが、６％未満のため６％となります（措法42の４⑧三イ⑵）。【手順３】結果は350×６％により21となります。この数値は【手順４】結果（52）よりも低いため、【手順５】で税額控除可能額は21となります（結果、当初申告税額控除可能額（52）に満たない）。

　【手順６】による税額控除超過額は31（52－21）となり、この金額をＰの当初申告税額控除可能分配額から控除した金額が、【手順７】によりＰの税額控除可能分配額となります（17－31＝０）。その上で、このケースでは、税額控除超過額（31）が当初申告税額控除可能分配額（17）を超えているため、その超過分（14）をいわば「取戻し課税」としてＰの法人税に加算します（措法42の４⑧六ロ）。

　なお、試験研究費の額は、確定申告書等に添付された書類に記載された試験研究費の額が限度とされます（措法42の４⑨）。

■ Case ❹：欠損金
　更正の結果、欠損金が生じた場合も取戻し課税が行われます。例えばＸ年度のＳ２の所得につき200の減更正があり、欠損金200が生じたとします。

	P	S 1	S 2	合計
所得	300	600	▲200	700
調整前法人税額	70	139	0	209
試験研究費	350	0	250	600
比較試験研究費	250	0	250	500

【手順１】増減試験研究費割合を通算グループ全体で計算	
合算増減試験研究費割合	20％

【手順2】 税額控除割合を通算グループ全体で計算				
税額控除割合	10%			
【手順3】 税額控除限度額を計算				
試験研究費合計額×税額控除割合	60			
【手順4】 法人税額の控除上限の計算				
調整前法人税額合計×25%	52			
【手順5】 税額控除可能額の計算				
手順3結果と手順4結果の小さいほう	52			
【手順6】 税額控除可能分配額				
手順4結果を調整前法人税額の比で配分	17	35	0	
【手順7】 調整後税額控除可能額				
税額控除度限度額と（法人税額の控除上限－増加欠損金×法人税率×25%）の低いほう	40			
【手順8】 法人税額の加算				
当初申告税額控除可能額－調整後税額控除可能額を法人税に加算			12	

　【手順1】～【手順3】は変更がなく、【手順4】についてもX年度で損益通算のやり直しを行うわけではありません。結果、【手順6】までは当初申告通りです。

　【手順7】では、調整後税額控除可能額を計算します。すなわち、税額控除限度額（60）と、欠損金の増加分200を考慮した新たな法人税額の控除上限（$52 - 200 \times 23.2\% \times 25\% = 40$）の低いほうを算出します（40）。この額は、当初申告税額控除可能額（52）に満たないため、【手順8】によりその満たない額（$52 - 40 = 12$）を、いわば「取戻し課税」としてS2の法人税額に加算します（措法42の4⑧七）。

　ただし、この欠損金200は、X＋1年度以降、通算グループの所得から

繰越控除され、その年度における法人税額の控除上限を減少させる方向で作用するため、Ｘ年度で取戻し課税を行ったままでは納税者にとってダブル・パンチとなります。そこで、進行年度（更正が行われた日の属する期）で調整が行われます。

　具体的には、進行年度で研究開発税制を適用する際には、この欠損金（増加欠損金合計額）に23.2％（法人税率）を乗じ、さらに25％を乗じた額を、グループ全体の法人税額の控除上限額に加算します（措法42の４⑪一）。

　なお、「進行年度」とあるように、進行年度がＸ＋２年度であれば、Ｘ＋２年度で加算します。Ｘ＋１年度での調整は行いません。これは欠損金の管理の煩雑さを回避するためです。

■ Case ❺：取戻し課税超過
　例えば、Case ❸の試験研究費過大ケース（Ｐの試験研究費が350→100）と Case ❹の欠損金ケース（Ｓ２の所得０→▲200）の両方が該当する場合には、「取戻し課税」が超過となります。

	Ｐ	Ｓ１	Ｓ２	合計
所得	300	600	▲200	700
調整前法人税額	70	139	0	209
試験研究費	100	0	250	350
比較試験研究費	250	0	250	500

【手順１】増減試験研究費割合を通算グループ全体で計算	
合算増減験研究費割合	▲30％
【手順２】税額控除割合を通算グループ全体で計算	
税額控除割合	６％
【手順３】税額控除限度額を計算	
試験研究費合計額×税額控除割合	21

【手順4】法人税額の控除上限の計算				
調整前法人税額合計×25%	52			
【手順5】税額控除可能額の計算				
手順3結果と手順4結果の小さいほう	21			
税額控除可能分配額（当初申告ベース）				
手順4結果を調整前法人税額の比で配分	17	35	0	
【手順6】税額控除超過額の計算				
当初申告税額控除可能額－税額控除可能額	31			
【手順7】税額控除可能配分額の減少				
当初申告税額控除可能分配額から手順6結果を控除したものを税額控除可能分配額とする	0			
【手順8】法人税の加算				
税額控除超過額－当初申告税額控除可能分配額を法人税額に加算	14			
【手順9】調整後税額控除可能額				
（当初）税額控除度限度額と（法人税額の控除上限－増加欠損金×法人税率×25%）の低いほう	40			
【手順10】法人税の加算				
当初申告税額控除可能額－調整後税額控除可能額を法人税に加算			12	

　【手順1】～【手順10】は試験研究費過大ケースと欠損金ケースの組み合わせであり、新しいことはありません。仕上がり、税額控除限度額（21）と法人税額の控除上限（52）から法人税の加算額（12）を控除した金額（40）のうち少ない金額（調整税額控除可能額）は21となります。

　また、【手順6】による税額控除超過額（31）と【手順10】による法人

税の加算額（12）の合計額は43となります（既取戻税額控除超過額）。調整税額控除可能額と既取戻税額控除超過額との合計額（調整対象金額）は43＋21により64となります。

　この調整対象金額（64）と、当初申告税額控除可能額（52）を比べると、調整対象金額のほうが12多いことになります。これは12の取戻し課税の超過が生じていることを意味しています。

取戻し課税超過

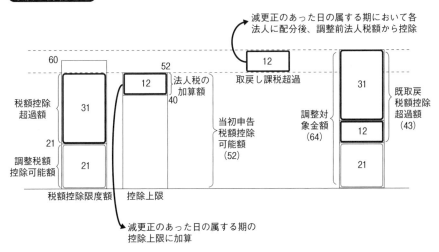

　そこで、取戻し課税の超過分を進行年度（減更正のあった日の属する期）の法人税額から控除します。

	P	S 1	S 2	合計
【手順 1 】調整税額控除可能額の計算				
X年度における「税額控除限度額」と「法人税額の控除上限から法人税の加算額を控除した金額」のうち小さいほう		21		
【手順 2 】既取戻税額控除超過額の計算				

X年度における税額控除超過額と手順10による法人税額の加算額の合計額	43			
【手順3】調整対象金額の計算				
X年度の手順2と手順3の合計額	64			
控除分配割合（X年度）				
個別の調整前法人税額／調整前法人税額合計	33%	67%	0 %	
【手順4】取戻し超過額の調整前法人税額からの控除（進行年度）				
手順3結果から当初申告税額控除可能額を控除した金額にX年度の控除分配割合を乗じ、調整前法人税額から控除	4	8		

　具体的には、調整対象金額（64）から当初申告税額控除可能額（52）を控除した金額（12）にX年度における各通算法人の控除分配割合を乗じた金額を各通算法人の進行年度における調整前法人税額から控除します（措法42の4⑬）。

　Pの控除分配割合は70／209により33%、よって12×33% = 4を調整前法人税額から控除、S1の控除分配割合は139／209により67%、よって12×67% = 8を調整前法人税額から控除します。

　なお、欠損金増加合計額200に対応した金額（200×23.2%×25%）を進行年度の税額控除可能額に加算する点は、欠損金ケースと変わりません。

14 ▶ その他の租税特別措置等

[1] 適用除外事業者

連結納税制度

　中小企業向け租税特別措置について、中小企業者のうち適用除外事業者に該当するものの連結事業年度においては、その適用等が停止されています。

　適用除外事業者とは、前3連結事業年度の連結所得の金額の平均が15億円を超える連結親法人及び連結子法人をいいます（措法68の9⑧七）。

〔設例〕

単位：億円

	X－3期	X－2期	X－1期	前3年平均	X期の 適用除外事業者 該当性
連結親法人	16	12	19		非該当
連結子法人	▲5	▲10	10		非該当
連結所得	11	2	29	14（≦15）	

グループ通算制度

　グループ通算制度においては、通算グループ内のいずれかの法人の平均所得金額（前3事業年度の所得の金額の平均）が年15億円を超える場合には、通算グループ内の全ての法人が適用除外事業者に該当することとなります。研究開発税制において、その旨が規定されています（措法42の4④・⑲八）。

　連結納税制度に比べ、厳格化されることになります。

〔設例〕

単位：億円

	X－3期	X－2期	X－1期	前3年平均	X期の 適用除外事業者 該当性
連結親法人	16	12	19	15.7 （＞15）	該当
連結子法人	▲5	▲10	10	▲1.67	該当

[2]　資産の譲渡に係る特別控除

連結納税制度

　連結親法人又は連結子法人が同一年の資産の譲渡につき、資産の譲渡に係る特別控除の規定（※）を複数受けようとする場合には、その複数の規定により損金算入し、又は損金算入しようとする金額の合計額は5,000万円（定額控除限度額）が限度とされています。

この5,000万円の定額控除限度額は、連結グループ全体で設定されています（措法68の77）。

（※）収容換地等の場合の連結所得の特別控除（措法68の73）
　　　特定土地区画整理事業等のために土地等を譲渡した場合の連結所得の特別控除（措法68の74）
　　　特定住宅地造成事業等のために土地等を譲渡した場合の連結所得の特別控除（措法68の75）
　　　農地保有の合理化のために農地等を譲渡した場合の連結所得の特別控除（措法68の76）
　　　特定の長期保有土地等の連結所得の特別控除（措法68の76の2）

グループ通算制度

　政府税調の連結納税専門家会合では、収容換地等の定額控除は、事務負担軽減の要請をもってしてもなお、グループ全体での特別控除額のキャップを維持すべきとの方向で議論がなされました。5,000万円の定額控除限度額を法人ごとに適用するとした場合、「分社化等により定額控除額を増殖可能となる」おそれがあるとの理由によります。

　結果、グループ通算制度では、グループ全体での定額控除限度額（5,000万円）の判定が維持されます。その上で、グループの意義が、連結グループから100％グループへと変更となります（措法65の6）。これにより、完全支配関係のある内国法人のうち外国法人を経由して保有するものも判定対象に加わることになりますが、稀なケースとみられますので、基本的には増減税なしと考えられます。

　下記の単体納税制度の改正とあわせ、新しいグループ法人税制への移行と整理されています。

　なお、各通算法人が損金算入しようとする金額の合計額（調整前損金算入額）が5,000万円を超える場合の各通算法人の損金不算入額は以下の通り計算します（措法65の6）。

$$\text{調整前損金算入額が} \atop \text{5,000万円を超える部分の金額} \times \frac{\text{各通算法人が損金算入しようとする金額}}{\text{調整前損金算入額}}$$

〔設例〕

・通算親法人Ｐ：4,800万円

・通算子法人Ｓ１：2,000万円

・通算子法人Ｓ２：1,200万円

・調整前損金算入額（Ｐ＋Ｓ１＋Ｓ２）：8,000万円

・定額控除限度額：5,000万円

・調整前損金算入額が5,000万円を超える部分の金額：3,000万円

→損金不算入額

$$\text{Ｐ}：3,000万円 \times \frac{4,800万円}{8,000万円} = 1,800万円$$

$$\text{Ｓ１}：3,000万円 \times \frac{2,000万円}{8,000万円} = 750万円$$

$$\text{Ｓ２}：3,000万円 \times \frac{1,200万円}{8,000万円} = 450万円$$

単体納税制度

　単体納税制度においては、現状、法人ごとに定額控除限度額（5,000万円）の判定を行っていますが、改正後はグループ通算制度と同様、100％グループで限度額の判定を行うことになります（措法65の６）。結果、定額控除限度額がグループ全体で見た場合、現状よりも縮減する可能性がありますが、影響は軽微と考えられます。

　この改正は、新しいグループ法人税制への移行と整理されます。

　なお、グループ内の各法人の損金不算入額の計算は、グループ通算制度

と同様です。

[3]　過大支払利子税制

連結納税制度

　令和元（2019）年度税制改正を踏まえ、令和2年（2020）度から施行される新しい過大支払利子税制では、対象純支払利子等の額のうち連結調整所得金額の20％を超える部分の金額は当期の連結所得の計算上、損金算入できません。ただし、対象純支払利子等の額が2,000万以下の場合は、適用免除となります（措法68の89の2①・③）。

　対象純支払利子等の額、連結調整所得金額は、連結グループ全体で算出します。

グループ通算制度

　政府税調の連結納税専門家会合報告書では、上記のグループ調整計算を廃止する方向が打ち出されましたが、そもそも本税制に抵触する企業が少ないことから、特段の異論なく廃止が決まりました。改正後は、損金不算入額は各法人において計算することとなります（措法66の5の2①）。

　ただし、2,000万円の適用免除基準まで各法人で計算するとなると、免除の範囲が広がり、現行制度の緩和となる可能性があることから、この部分については、連結納税制度と同様、通算グループ全体で判定する方式を維持することとなります（措法66の5の2③一）。

　改正前後の比較は次ページの通りです。

連結納税制度	グループ通算制度
○連結グループ全体計算（対象純支払利子等、連結調整所得金額、適用免除基準）	○損金不算入額は各法人で計算 ○適用免除基準は通算グループ全体計算

[4] その他の租税特別措置

　グループ通算制度における租税特別措置の取扱いについては、グループ調整計算の維持・廃止を含め、令和2 (2020) 年度税制改正で全ての結論を出したわけではありません。基本的には、期限の定めのある租税特別措置については、その期限が到来するタイミングで、グループ通算制度における取扱いを個別に検討していくことになります。

　例えば、所得拡大促進税制（賃上げ及び投資の促進に係る税制）については現状、給与及び国内設備投資額の増加額を連結グループ全体で判定していますが（現行措法68の15の6①）、その取扱いを継続するのか否かは、期限の到来する令和3 (2021) 年度税制改正で議論されることになります（もちろん、所得拡大促進税制の存続や延長の是非自体も、議論されるとみられます）。

　なお、研究開発税制等の租税特別措置の適用停止措置（いわゆるムチ税制）については、令和2年度改正で一部、厳格化されましたが、給与及び国内設備投資額については、当面、連結納税制度においては、グループ全体での計算が維持されます（措法68の15の8⑥）。

第 3 章

租税回避の防止

連結納税制度

　連結納税制度における、連結開始・加入前の欠損金の持ち込み制限や、連結開始・加入時の時価評価制度には、欠損金や含み損を利用した租税回避を防止する側面があります。

　このような個別規定に加えて、連結納税における行為又は計算の否認規定（現行法法132の3）は、連結法人の行為又は計算でこれを容認した場合には法人税の負担を不当に減少させる結果となるものについて、税務署長が連結法人の行為計算を否認することができる旨を規定しています。

グループ通算制度

　グループ通算制度においても、①欠損金の繰越期間に対する制限を潜脱するため又は離脱法人に欠損金を帰属させるためあえて誤った申告行う等法人税の負担を不当に減少させる結果と認めるときは税務署長はグループ全体で再計算を求めることができる措置を設けたり、②グループ通算制度の適用開始・グループへの加入・グループからの離脱の際の時価評価・欠損金の利用制限・含み損の利用制限等の措置を講じたり、③外国税額控除の計算の基礎となる事実を隠蔽又は仮装して外国税額控除額を増加させること等により法人税の負担を現象させようとする場合に再計算を求めたりする個別の措置を設けるほか、連結納税制度と同様に、包括的な租税回避行為を防止するための規定が設けられます（法法132の3）。

第 **4** 章

その他の整備

1 質問検査権、罰則、徴収の所轄庁等

連結納税制度

1 質問検査権

　国税庁、国税局もしくは税務署の当該職員は、法人税に関する調査について必要があるときは、法人に質問検査をできるところ、連結納税の場合は、以下の通りとされています（現行（※）通則法74の2①・④）。

（※）以下、本章「連結納税制度」の項において同じ。

　①　連結親法人に対する質問検査を行う者

　　国税庁、連結親法人の納税地を所轄する国税局・税務署（納税地の所轄国税局・所轄税務署以外の国税局・税務署が所轄する区域内に支店・工場等を有する場合は、その国税局・税務署）、連結子法人の本店所在地を所轄する国税局・税務署

　②　連結子法人に対する質問検査

　　国税庁、連結親法人の納税地を所轄する国税局・税務署、連結子法人の本店所在地を所轄する国税局・税務署

2 罰則

　偽りその他不正の行為によって連結確定申告に係る法人税額につき法人税を免れたこと又は連結欠損金額の繰戻し還付により法人税の還付を受けた場合には、連結親法人及び連結子法人の代表者、代理人、使用人その他の従業者でその違反行為をした者は、10年以下の懲役もしくは1,000万円

以下の罰金に処し、又はこれを併科することになります（法法159①）。

　また、正当な理由なく連結確定申告書を期限内に提出しなかった場合及び虚偽の記載をした連結中間申告書を提出した場合には、連結親法人の代表者、代理人、使用人その他の従業者でその違反行為をした者は、1年以下の懲役又は50万円以下の罰金に処することとなります（法法160、162）。

　これらの違反行為があった場合には、連結親法人に対しても両罰規定として違反行為の類型に応じた同額の罰金刑が課されます（法法163）。違反行為を行ったのが連結子法人であったとしても、罰金刑を課されるのは連結親法人です。

３ 徴収の所轄庁

　連結親法人から連結法人税を徴収する場合の徴収の所轄庁は、その徴収に係る処分の際における連結法人税の納税地を所轄する税務署長です（通則法43①）。

　なお、連帯納付責任者から連結法人税を徴収する場合の徴収の所轄庁は、その徴収に係る処分の際における連結法人税の納税地を所轄する税務署長と当該連帯納付責任者の本店等所在地を所轄する税務署長です（法法81の28②）。

グループ通算制度

　質問検査権、罰則、徴収の所轄庁等について、連結納税と同様の措置が講じられます（法法159①、160、162、通則法74の2④、法法152②）。

2 ▶ 青色申告制度との関係

連結納税制度

　連結納税制度においては、青色申告や白色申告という区分はありません
が、連結納税の承認申請、却下、取消し等に係る各種要件（適切な帳簿書
類の備付け、記録、保存等）は、青色申告制度とおおむね同等の内容となっ
ています。

グループ通算制度

　グループ通算制度における承認申請、却下、取消等については、連結納
税制度の取扱いを基本としつつ、連結納税制度でも青色申告とおおむね同
等の要件とされていることを踏まえ、青色申告に取り込む等の見直しが行
われます。この結果、グループ通算制度は青色申告制度を前提とした制度
となります。

　具体的には、以下の改正が行われます。

①　青色申告の承認を受けていない法人がグループ通算制度の承認を受
　　けた場合には、青色申告の承認を受けたものとみなされます（法法
　　125②）。

②　グループ通算制度の承認を受けている法人が青色申告の承認を取り
　　消される場合には、グループ通算制度の承認の効力が失われます（第
　　1章2 **[3]** の通り）。ただし、連結納税制度の場合と同様、取消しの

効果は遡及しません（法法127③）。

③　グループ通算制度の承認を受けている法人は、青色申告の取りやめをできないこととされます（法法128）。

④　グループ通算制度の適用法人に対する国税庁長官、国税局長及び税務署長による帳簿書類についての必要な指示について、連結納税制度と同様とされます（法法126③）。

連結納税制度、青色申告制度、グループ通算制度における承認申請、却下、取消し、取りやめ等に関する比較は以下の図表の通りです。本項に関連する改正項目に下線を付しています。

	連結納税制度	青色申告制度	グループ通算制度
承認申請	○全連結法人の連名で、承認を受けようとする連結事業年度開始の日の3月前までに申請書を親法人の所轄税務署長経由で国税庁長官に提出（現行（以下同じ）法法4の3①） ○承認又は却下がない場合、みなし承認（法法4の3④）	○事業年度開始の日の前日までに承認申請書を納税地の所轄税務署長に提出（法法122①） ○承認又は却下がない場合、みなし承認（法法125） ○青色申告の承認を受けていない法人がグループ通算制度の承認を受けた場合、青色申告の承認とみなす	○通算グループ内の全法人の連名で、承認を受けようとする事業年度の開始前3月前までに申請書を親法人の所轄税務署長経由で国税庁長官に提出 ○承認又は却下がない場合、みなし承認
申請の却下	○以下事由に該当する場合、承認申請を却下（法法4の3②） ・所得・計算が適切に行われ難い ・帳簿書類の備付け、記録、保存が要件を満たさない ・取消し、取りやめ以後5年以内の申請 ・法人税の負担を不当に減少させる	○以下事由に該当する場合、承認申請を却下（法法123） ・帳簿書類の備付け、記録、保存が要件を満たさない ・隠ぺい、仮装、その他不実の記載ありと認められる相当の理由 ・取消し、取りやめ以後1年以内の申請	○以下事由に該当する場合、承認申請を却下 ・左記、連結納税における却下事由に該当 ・隠ぺい、仮装、その他不実の記載ありと認められる相当の理由に該当

取消し	○以下の事由に該当する場合、承認を取消し（法法4の5①） ・帳簿書類の備付け、記録、保存が要件を満たさない ・帳簿書類について国税庁長官等の指示に従わない ・隠ぺい、仮装、真実性を疑う相当の理由 ・連結確定申告書の期限内未提出	○以下の事由に該当する場合は、その該当する事業年度まで遡って取消し（法法127） ・帳簿書類の備付け、記録、保存が要件を満たさない ・帳簿書類について税務署長の指示に従わない ・隠ぺい、仮装、真実性を疑う相当の理由 ・確定申告書の期限内未提出	○グループ通算制度を青色申告制度を前提とした制度とする。 ○青色申告の承認を取り消された場合には、グループ通算制度の承認を取消し。ただし取消しの効果は遡及しない ○グループ通算制度における固有の取消事由は設けない
取りやめ	○やむを得ない場合、理由を付して申請書を提出、国税庁長官の承認を受けて取りやめ（法法4の5③④）	○事業年度終了後2月以内に届出書を所轄税務署長に提出（法法128） ○グループ通算制度の承認を受けている法人は、青色申告の取りやめをできない	○連結納税と同様とする
離脱後再加入	○離脱後5年間は再加入不可（法法4の2、法令14の6①四）	—	○連結納税と同様とする
帳簿書類保存	○連結法人は、帳簿書類の備付け、記録、保存をしなければならない。国税庁長官等は、その帳簿書類について必要な指示ができる（法法4の4）	○青色申告法人は、帳簿書類の備付け、記録、保存をしなければならない。所轄税務署長は、その帳簿書類につき必要な指示ができる（法法126）	○国税庁長官等による帳簿書類についての必要な指示について、連結納税と同様とする
（参考）特典	○グループ内の損益通算 ○欠損金のグループでの利用 ○グループ調整計算（R&Dなど）	○欠損金の繰越控除・繰戻還付 ○帳簿書類の調査に基づく更正 ○更正通知書への理由付記 ○特別償却・準備金・税額控除	○グループ内の損益通算 ○欠損金のグループでの利用 ○グループ調整計算（R&Dなど）

第 **5** 章

適用関係

1 ▶ グループ通算制度の適用

　グループ通算制度は、令和4（2022）年4月1日以後に開始する事業年度から適用します。

2 ▶ 経過措置

［1］ 連結納税制度を適用している場合のグループ通算制度の承認申請

　すでに連結納税制度の承認を受けている法人（令和4（2022）年3月31日において連結親法人に該当する内国法人及び同日の属する連結親法人事業年度終了の日において当該内国法人との間に連結完全支配関係がある連結子法人）については、令和4年4月1日以後最初に開始する事業年度の開始の日において、グループ通算制度の適用に係る承認（通算承認）があったものとみなされ、同日からその効力が生じます（改正法附則29①）。また、その法人が青色申告の承認を受けていない場合には、同日において青色申告の承認があったものとみなされます（法法125②）。

　したがって、これまで連結納税制度を適用している場合には、令和4年4月1日以後最初に開始する事業年度において、自動的に、グループ通算制度に移行することとなります。例えば、連結親法人事業年度が3月決算の場合には、令和4年4月1日に開始する事業年度からグループ通算制度に移行し、12月決算の場合には、令和5（2023）年1月1日に開始する事業年度からグループ通算制度に移行することとなります。

　ただし、現行の連結納税制度を適用している企業グループが、グループ通算制度を適用しない単体納税法人に戻りたい場合には、連結親法人が令和4年4月1日以後最初に開始する事業年度開始の日の前日までに、税務署長に届出書（取りやめ届出書）を提出することにより、グループ通算制

度を適用しない単体納税法人となることができます（改正法附則29②）。

　なお、グループ通算制度を適用しない法人となることを選択した場合には、最終の連結事業年度終了の日の翌日から同日以後５年を経過する日の属する事業年度終了の日までの期間を経過していない法人は、グループ通算制度の適用を受けて通算法人となることはできません（改正法附則29③）。

---

[2]　連結納税制度における連結欠損金の取扱い

　連結納税制度における連結欠損金個別帰属額は、各法人の欠損金額とみなされます（改正法附則20①）。この欠損金額は、グループ通算制度における各通算法人の繰越控除の対象となり、そのうち連結納税制度における特定連結欠損金個別帰属額は、グループ通算制度における特定欠損金額（その法人の所得の金額を限度として控除ができる欠損金額（法法64の7②））とみなされます（改正法附則28③）。

　したがって、連結納税制度の開始から年数があまり経過していない場合、連結親法人の連結納税制度適用開始前の欠損金額が、グループ通算制度適用開始時（令和4（2022）年4月1日以後に開始する事業年度開始の日）において、なお繰越期限内で存在している場合が生じることが考えられますが、この場合、この連結親法人の連結納税制度適用開始前の欠損金額は、グループ通算制度へ移行後、当該親法人の非特定欠損金額として、グループ全体で消化することができます。

　また、連結納税制度の下で、更生法人等として連結欠損金の控除限度額を連結欠損金の控除前の連結所得の金額とされていた（50％の控除限度額の制限のない）連結グループ内の子法人については、グループ通算制度の下でも、更生法人等に該当することとして、その所得の金額を控除限度額として、欠損金の繰越控除の計算を行うこととされています（改正法附則

20⑩)。

[3]　確定申告書の提出期限の延長

　すでに連結納税制度を適用している法人は、令和4（2022）年4月1日以後最初に開始する事業年度の開始の日において、グループ通算制度の承認があったものとみなされ、同日からその効力が生じます（改正法附則29①）。

　グループ通算制度の承認があったものとみなされた法人で、すでに連結親法人が申告期限延長（現行法法81の24①）の適用を受けている場合には、その通算グループ内の全ての法人につき、延長特例の適用及び延長期間の指定を受けたものとみなされます（改正法附則34①・②）。

[4]　グループ通算制度への移行の際の時価評価課税・欠損金の持込制限等

　すでに連結納税制度を適用している法人は、令和4年4月1日以後最初に開始する事業年度の開始の日において、グループ通算制度の承認があったものとみなされ、同日からその効力が生じます（改正法附則29①）。

　グループ通算制度の承認があったものとみなされた法人については、①グループ通算制度の開始に伴う資産の時価評価課税（法法64の11①・②）、②グループ通算制度の開始前に生じた欠損金額及び資産の含み損の制限等（法法57⑧、64の6①、64の7②、64の14）、③繰り延べた譲渡損益調整額の一括計上（法法61の11④）、④繰り延べたリース譲渡に係る損益の一括計上（法法63④）、の規定の適用はありません（改正法附則20⑪、25③、26③、27①、28③、30②・④、31①）。

3 > グループ通算制度創設に伴う 税効果会計の適用

　連結納税制度からグループ通算制度への移行及びグループ通算制度への移行にあわせた単体納税制度の見直しを含む令和2（2020）年度税制改正に係る所得税法等の一部を改正する法律案が、3月27日国会で可決成立し、3月31日に公布されました。

　この改正法では、令和4（2022）年4月1日以後開始する事業年度から、連結納税制度を廃止し、グループ通算制度を創設することとされています。例えば、連結納税制度における連結所得の計算や税額の計算に係る中心的な規定（現行法法第2編第1章の2）は全て削除され、新たに「完全支配関係がある法人間の損益の通算及び欠損金の通算」（法法第2編第1章第1節第11款）が創設されるなど大規模な条文の改正がみられます。

　税制改正法案が年度内成立したことから、連結納税制度を採用している企業グループについては、令和2年3月期の税効果会計における繰延税金資産・繰延税金負債の額を算定するにあたり、今回の改正法に盛り込まれている新たなグループ通算制度及び同制度創設にあわせた単体納税制度の見直しを反映する必要があるのかが問題となりました。

　企業会計基準適用指針第28号「税効果会計に係る会計基準の適用指針」第44項に、「繰延税金資産及び繰延税金負債の額は、決算日において国会で成立している税法…に規定されている方法に基づき第8項に定める将来の会計期間における減額税金又は増額税金の見積額を計算する。なお、決算日において国会で成立している税法とは、決算日以前に成立した税法を改正するための法律を反映した後の税法をいう。」と規定されているからです。

こうしたことから、企業会計基準委員会（ASBJ）は、令和 2 年 3 月31
日、実務対応報告第39号「連結納税制度からグループ通算制度への移行に
係る税効果会計の適用に関する取扱い」を公表しました。

　この「取扱い」によれば、改正法人税法の成立日の属する事業年度にお
いて連結納税制度を適用している企業及び改正法人税法の成立日より後に
開始する事業年度から連結納税制度を適用する企業を対象とし、実務対応
報告第 5 号「連結納税制度を適用する場合の税効果会計に関する当面の取
扱い（その 1 ）」及び実務対応報告第 7 号「連結納税制度を適用する場合
の税効果会計に関する当面の取扱い（その 2 ）」に関する必要な改廃を
ASBJ が行うまでの間は、グループ通算制度への移行及びグループ通算制
度への移行にあわせて単体納税制度の見直しが行われた項目について、企
業会計基準適用指針第28号「税効果会計に係る会計基準の適用指針」第44
項の定めを適用せず、改正前の税法の規定に基づくことができることとさ
れています。

　なお、この取扱いにより改正前の税法の規定に基づくこととした場合、
繰延税金資産及び繰延税金負債の額について、この「取扱い」により改正
前の税法の規定に基づいている旨を注記する必要があります。

◆著者紹介

小畑 良晴（おばた　よしはる）
1990年、東京大学法学部卒業、同年、社団法人　経済団体連合会（現：一般社団法人　日本経済団体連合会）事務局入局。2006年経済法制グループ長　兼　税制・会計グループ副長、2009年経済基盤本部主幹、2015年から経済基盤本部長、現在に至る。
〈著作〉
・『会社法関係法務省令　逐条実務詳解』（共著、清文社、2006年）
・『Q&A　新公益法人の実務ハンドブック』（共著、清文社、2009年）
・『税制改正の要点解説』（共著、清文社、平成17〜令和 2 年度税制改正）　ほか

幕内 浩（まくうち　ひろし）
2002年、東京大学法学部卒業、同年、社団法人　経済団体連合会（現：一般社団法人　日本経済団体連合会）。2010年から経済基盤本部で税制を担当、2018年 4 月から同本部主幹、現在に至る。
〈著作〉
・『平成29・30年度税制改正対応　外国子会社合算税制』（清文社、2018年）
・『2018年版　詳解　国際税務』（共著、清文社、2018年）
・『税制改正の要点解説』（共著、清文社、平成23〜令和 2 年度税制改正）　ほか

早わかり グループ通算制度のポイント

連結納税制度はこう変わる

2020年8月20日　発行

著　者　　小畑 良晴／幕内 浩 ⓒ

発行者　　小泉 定裕

発行所　　株式会社 清文社

東京都千代田区内神田1－6－6（MIFビル）
〒101-0047　電話 03(6273)7946　FAX 03(3518)0299
大阪市北区天神橋2丁目北2－6（大和南森町ビル）
〒530-0041　電話 06(6135)4050　FAX 06(6135)4059
URL　http://www.skattsei.co.jp/

印刷：亜細亜印刷㈱

ISBN978-4-433-71020-0